刑法の基本思想

中山研一

NAKAYAMA Kenichi

増補版

成文堂

増補版はしがき

本書の旧版は、私自身が、すでに一九七九年（昭和五四年）の段階で、『刑法の基本思想』と題して、一粒社から公刊したものである。今から見れば、すでに二五年ほども前に執筆した古い著作の一つである。当時は私も、まだ五〇歳代前半の時期であった。

旧版の「はしがき」にもあるように、本書は、当時の私自身が刑法を学びその刑法思想を形成して行く上で、現にその目標として対決しなければならなかった影響力の大きい刑法学者として、牧野英一、木村亀二、小野清一郎、瀧川幸辰、佐伯千仭、団藤重光、平野龍一という七人の諸家を選び、その基本思想を時代の流れに沿って比較検討するという大それたものであった。

この時期に本書を執筆する契機となったのは、一九七〇年代の後半に全国規模で結成された「刑法理論史研究会」（研究者代表、吉川経夫）における共同研究であり、私は牧野英一の刑法理論を担当したが、私はこの研究会に積極的に参加し、多くの有益な学問的刺激と学説史的な研究に大きな興味を持つようになった。この共同研究の成果は、『刑法理論史の総合的研究』(吉川＝内藤＝中山＝小田中＝三井編著、一九九四年、日本評論社)として公刊されている。

なお、この機会に指摘しておきたいのは、すでに一九六〇代後半の時期から、「刑事法学の動き」という研究会が発足し、わが国の刑事法学に関する注目すべき著書・論文の合評会が開始されていたという歴史的事実であり、それが上記の「刑法理論史研究会」に発展したという経緯があった。そして、この「刑事法学の動き」の方は、その後、東京では中断しているものの、関西では現在まで、実に三〇年以上もの長期にわたって、月例研究会としてなお継続中である。

ところで、本書の旧版は、刑法分野では、同僚の西原春夫さんと協力して編者に加わり、二人で真先に執筆して公刊したものであるが、西原さんの『刑法の根底にあるもの』とともに、今回、成文堂の尽力で、そろって増補版として再び世に出ることになったことも、思い出深いものがある。

本書の内容は、執筆当時のものを基本的に再現したもので、古い世代にとっては繰り返しの感があるが、とくに学生諸君や若い世代の研究者にとっては、当時の時代状況のもとでの問題意識を再認識する上で、参考に供して頂けるのではないかと思っている。

なお、本書の旧版が出版された当時、斉藤誠二教授が、本書に対する書評を執筆されており、そこでは本書が「わが国における刑法の基本となる問題―刑法の基本思想」について、とくに、いわゆる「学派の争いをふまえ」ながら、その「再検討と問題の整理」をされようとしたものであり、「いま、この本を、刑法を本当に勉強しようとしている人たちに、ひろくすすめたいとおもう」と指摘されていたことを、感謝の気持ちで想起しておきたい（図書紹介、ロースクール、四巻二号、一一二頁、一九八一年）。

その後、私自身は、本書の執筆後も、刑法諸家の学説史研究の仕事は続行しており、上記の諸家のほか、宮本英脩、竹田直平、植田重正、中義勝、大塚仁、福田平、吉川経夫、藤木英雄、平場安治といった諸家の刑法思想と理論を検討したものがあるので、あわせて参照されたい（『刑法諸家の思想と理論』一九九五年、成文堂、『大塚刑法学の検討』一九八五年、成文堂）。

なお、時代の古さと、それ以後の時代状況の変化とを踏まえて、最後に「補論」という形で、その後のフォローをするつもりであったが、幸いにも、刑事法学の最近の問題状況を書いた論文（「刑事法・刑事法学の課題―二一世紀を展望して」犯罪と刑罰一五号、二〇〇二年）があるので、それを本書に追加することにした。

私の手元にもすでに原書は一冊しかなく、絶版になってしまっていた本書の旧版を復元し、増補版として公刊して頂いた成文堂の阿部耕一社長、および手続的な点を含めて出版の配慮を頂いた土子三男編集長に心から感謝する。

なお、蛇足ながら、本稿で取り上げた七人の諸家と私自身との個人的な関係について一言しておくことにする。これらの諸家のうち、牧野、木村、小野、瀧川の諸先生はすでに他界されているが、佐伯、団藤、平野の諸先生はご健在であり、とくに佐伯先生（九五歳）と団藤先生（八十九歳）両巨頭の矍鑠《かくしゃく》としたご健在振りには実に目を見張るものがある。私自身は、牧野先生とは面識がないままに終わったが（それでも著書のお礼などでお手紙を頂いたことがある）、木村、小野の両先生とは学会等の場で直接に親しく声をかけて頂いたことがある（木村先生は、ソ連の刑法の研究を進めるように励まされ、小野先生は、若い研究者の怠慢傾向を戒められていた）。一方、関西の瀧川先生とは瀧川ゼミの所属および大学院の指導教授という関係から、また佐伯先生とは刑法読書会を中心とした研究会でのきびしい学問的姿勢と圧倒的に大きな影響力という関係から、そして平野先生については、とくに刑法改正問題における「対案グループ」の集中的な研究会を通じて、その底知れぬ魅力に引かれた。

これらの諸家の刑法思想が、今後も発展的に継承されて行くことを願いつつ、本書の増補版を世に送ることにする。

二〇〇三年八月

中山研一

初版はしがき

本書は、刑法の基本思想と題し、わが国における刑法思想の問題状況を整理したものである。わたくし自身は、刑法の分野における思想や方法論の基本的な対立状況にずっと関心をいだきつづけてきた。刑法学の歴史や学派の争いの帰趨、治安刑法をめぐる問題、そして解釈論の分野でも、責任の本質や因果関係など基本的な方法論にかかわる問題に、より大きな関心を示してきた。解釈論を除いたこの種の問題について若干のものをまとめて発表したこともある（中山・現代刑法学の課題、日本評論社、昭四五）。

本書の執筆の直接の契機となったのは、数年前からはじまった「刑法理論史研究会」での共同研究であり、わたくしは牧野博士の刑法理論を担当することになった。この研究会は非常に有益であり、先人の業績の中に今日のわれわれにとってもっともっと考慮し参照すべき数多くの教訓と遺産が含まれていることを再確認させられたのである。この研究会の成果はすでに法律雑誌に連載発表中であり、やがて近い将来にまとめられることになるであろう。しかしわたくしとしては、これとは別に、わたくし自身の手で、牧野博士以来のわが国における主要な刑法学者、刑法思想家の基本思想をほぼ同様な手法によって分析してみようと思い立つにいたった。対象としては、牧野、木村、小野、瀧川、佐伯、団藤、平野の諸家を選んだが、それは決して限定的な意味をもつものではない。わたくし自身が刑法を学びその刑法思想を形成し検証し批判的に継受する際に現にその目標として対決せねばならなかった影響力の大きい諸家にほかならなかったからである。その他の諸家を含めたわが国における刑法理論の全体の歴史的な考察は本書の課題ではなく、それは他の論者による分析として本叢書の一冊に予定されているものである。ただわたくし自身としては、同じ手法による分析をその他の諸家についてもつづけて行きたいという希望はもっており、それは将来の課題としたい。

本書は比較的短期間に書かれたものである。時間的制約による拙速の危険をおそれつつも、集中的な関心の散逸を防ぐ効果はあったように思われる。これらのすぐれた諸家の業績を短期間であったが集中的によみかえし、多くの示唆をうけたことは得難い経験であった。

本書がわが国における刑法思想の問題状況、とくに学派の争いをふまえた再検討と問題点の整理に少しでも寄与することができれば幸いである。

なお本書の執筆の進捗は、出版社である一粒社編集部の鈴木芳子さんの熱心な支援によるところが大きい。ここに感謝の意を表する。

昭和五四年（一九七九年）一〇月

中山研一

目　次

第1章　牧野博士の刑法思想

一　序

牧野英一博士は、その長い研究活動の最初から、単なる刑法解釈学者ではなく、広く当時の世界の法思想を視野に入れ、これを積極的に自己のものとして展開した法思想家であったことは周知のところである。したがって、刑法解釈の方法をはじめとして、広く刑法の方法論的問題に常に大きな関心を示し、その彪大な著作の中にも方法論を扱ったものが多く、その基本思想が晩年の著作にいたるまで一貫して流れているということができる。

牧野博士がわが国における新派主観主義刑法学の最も代表的な論客であるとされることにつ

いては全くの異論を見ない。明治、大正、昭和にわたるわが国の刑法学史の中でも最も影響力の長くかつ大きい存在だったといえよう。その主張の核心は、社会的病弊としての犯罪からの社会の合理的保全、犯人に対する特別予防と教育刑、犯人の悪性を基準とする主観主義といった理念に集約されるが、それらが、それぞれ対応する旧い理念からの必然的な発展——「進化」——として浮ぼりにされて行く手法は見事というほかはないように思われる。

以下では、牧野博士の著作の中に見られる刑法学の方法論に関する主張をできるだけ客観的に要約し、その現代的意義を含む若干のコメントを加えることにする。ただしそれは、紙数の関係もあり、最も基本的な点にふれるにとどめざるをえず、不十分なものであることをおことわりしなければならない(1)。

(1) 刑法に関する牧野博士の基本的な考え方は、刑法総論の教科書の序論の部分に、かなりまとまった形で表現されているということができる（刑法総論上巻、全訂版一—一五七頁)。本稿は主としてこれに依拠したが、そこに、それぞれの問題について援用されている関連文献についても、必要な限りで参照した。なお、牧野博士の刑法理論に対するまとまった形での検討は意外に少ないことに気付くのであるが、全体的な要領のよい解説として出色なのは、所一彦「牧野英一」潮見・利谷編・日本の法学者、昭五〇、二五七頁以下である。なお、とくに最近、風早氏による本格的な業績があらわれているのが注目されよう（風早八十二「牧野法学の総批判」法律時報四九巻八号（昭五二）から五二巻五号（昭五五）まで実に二一回に及んだ)。なお、本稿のあと、刑法理論史研究の共同研究の一貫として、わたくし自身の書いたものがある。それは本稿にもとづいて、これをややくわしく展開したものである。中山研一「牧野英一の刑法理論(1)(2)」法律時報五一巻四・五号、昭五四参照(吉川=内藤=中山=小田中=三井編著『刑法理論史の総合的研究』一九九四年、所収)。

二 進化論

牧野刑法学の基礎にあって、これを一貫して指導し展開して行く原動力をなすものとして、まず第一に「進化論」的発想をあげることができよう。実にこの考え方は、牧野法学のすみずみまで行きわたっているということができるのであるが、しかしその内容は、風早氏の指摘されるように、必ずしも精密な方法論的検証を経たものとはいえないように思われる。そこでは、最も単純化していえば、「社会の進化とともに刑法も進化する」という命題がいつでも他に自由に応用拡大できる形で予定されていたといってよいであろう。(1)

ともかく牧野博士は、「一切の事物はその境遇に依って変化するものであって、社会の制度もまたこの自然法則を免れることはできない」という進化の法則を刑法の分野に適用しようとされたのである。それは、沿革歴史的もしくは比較法学的進化論ともいわれている。

まず、社会の進化には二種の法則があるとし、第一には、制度が本能的・反射的なものから目的的・自覚的なものに移ること、第二には、制度が単純なものから分化し細密化されたものに移ることとしてあらわれるとする。そして社会の進歩は、生存競争と生存協同との間の矛盾を調和する努力の中ではかられ、結局個人と社会との調和が究極の目標であるとされる(2)。

ところで犯罪は、社会における生存競争の余弊であるとされる。したがって生存競争がはげしくなるに従って犯罪もおのずから増加することになる。その増減は一定の法則に支配された社会現象だとされるのである(3)。

しかし、このような犯罪の進化に対して、刑罰もまたこれに対応するために、一定の社会学的過程を経て進化しなければならない。そしてその際、刑法の進化は、歴史的に、原始的な復讐時代からはじまって、国家的刑罰によって統制された威嚇時代、国家の発達にともなう人権保障を背景とする人道または博愛時代、そして科学的研究の成果をとり入れた科学時代という形で展開してきたものと図式化されている。これに最初の社会進化論を関連させると、前二期が本能的・反射的なものであるのに対して後二期は自覚的・意識的なものとなり、その分化過程は公法と私法、民法と刑法の分化を生むという工合に説明される。そしてここから、刑法における重点の変遷は、人道主義の時期にふさわしい個人主義と応報刑・客観主義から、科学時代にふさわしい団体主義と目的刑・主観主義へと進化すべきものであり、理論的にも実践的にもこの方向を意識的に促進すべきだといわれるのである。

これが牧野博士による刑法の「普遍史的解析」の基本的枠組みだとすれば、それはかなり単純なもののように見える。しかし、それが論理的に明快なだけでなく説得的でもあるのは、その進化の内容が単なる論理的、形而上学的な観念の進化としてではなく、現実の資本主義社会における社会問題としての犯罪との闘争という実証社会学的観点から把握されていたからであると思われる。牧野刑法学の限界は、人倫やモラルの要因をも考慮しなかったからではなくて、日本社会における犯罪と刑罰の現実の機能、国家の性格と役割についての批判的アプローチの弱さにあったというべきであろう。したがって進化論は容易に現状肯定論へと結びついたものと思われる。(4)

(1) 風早氏は、すでにそこに、牧野博士の法学方法論、およびその前提としての世界観のとらえ方のあいまいさ、またその世界観自体の不明確さ、媒介項抜きの便宜主義的な短絡が見られるとされている（風早・上掲法律時報四九巻一〇号七二頁）。牧野博士はその進化論的見解を穂積陳重博士から受けついだとされているが、その最も初期の著作では、フランスのエスマンの判例研究を歴史的な進化の方法として評価しているところが見られる（「判決例研究の必要と方法」法学協会雑誌二一巻二号、明三六）。

(2) 最も初期の著作においても、牧野博士は、自由(哲学)と必然(科学)の調和とともに、個人(主義)と社会(主義)の調和が目標であるとされていたが、これを単なる折衷としてでなく、進化論によって説明しようとした点にその特色があったといえよう(「法律学の主観的新思潮」法協二一巻九号、明三六)。

(3) 犯罪が人倫違反としてでなく、社会現象ないし社会問題として把握され、犯罪の社会的要因へと関心が向かったことが注目されよう。したがって刑法は刑事学の一分科であると位置づけられたのである(「犯罪の観念を論ず」法学志林八巻四・五号、明三九)。

(4) 牧野博士は、旧い法治国家から新しい文化国家への進化を熱心に説かれたが、果たして戦前の当時の日本国家がどの程度「文化国家」の名に値いするものであるのかという観点からの分析は基本的に欠落していたといってよいであろう。主観主義と教育刑という方向さえ進むならば、淳風美俗をとなえる仮案でも、贖罪と権威刑法をとくナチス刑法でも、さらには労農独裁をとなえるソ連の刑法でも、その限りでは評価されている。戦後の転換も、牧野博士にとっては、何らの痛痒でもなく、新憲法による皇室に対する罪の削除よりも、執行猶予の拡大による教育刑主義の発展に「進化」をみとめられたのである。そこには、厳密な意味での国家論や歴史観は存在しなかったともいえよう。進化論とは、そのときどきに自在に駆使される現状正当化の論理なのかもしれない。しかしそれにもかかわらず、社会と個人の調和を展望すべき刑法の将来を進化の目標として鼓吹されていた牧野博士が、具体的にいかなる国家や社会の中にその実現を予定されようとしていたかを問題とすることには意味があるというべきである。そして、とくにその際、ナチスおよび社会主義に対する牧野博士の評価が問題とされるべきであろう(『改正刑法仮案とナチス刑法綱領』昭一六、「社会主義と法律」法協二一巻一号、明三六、『刑法における法治国思想の展開』昭六、一九一頁以下)。牧野博士は、全法律に対する刑法の比率の漸次的縮小を法律進化の指標の一つにあげられているが、それとともに刑法の作用は常にますます深刻なものとなるとして、「死滅」の展望は遂に語られていない。むしろ文明開化が生存競争をはげしくし複雑なものにする限りにおいて、犯罪を正常な現象とする「飽和の原則」が承認されざるをえないように思われる。刑法は社会とともに、どこまで進化して行くのであろうか。

三　目的刑・教育刑論

牧野博士の目的刑・教育刑論は、上述した進化論の一つの重要な適用場面としてあらわれる。牧野博士によれば、方法論的にいって応報刑主義は回顧的なものであるのに対して、目的刑主義は展望的なものであり、そこに基本的な差異があるとされている。刑罰による応報観念の満足と社会の道義の保持は方法的に観念的なものであるのに対して、共同生活における将来の保全というものは実証的かつ現実的なものであるとして対置されるのである。

問題は、応報刑から目的刑・教育刑への移行が刑罰および刑罰思想の「進化」として説かれる点に存する。応報刑主義は応報をもって先験的な倫理的原則であるとするのであるが、自由意思に対する責任という回顧的なアプローチでは現実の犯罪対策として展望的に役立つことができないことが明らかとなり、そこから自然科学の発達にもとづく実証的な方法の適用によって、刑法の政策的意義が反省されるようになったとされる。この目的刑主義は、社会の保全を目指すのであるが、とくにその際、鎮圧でなくて予防、権力的な方法ではなくて科学的な方法による犯罪人の改善と教育を第一義的なものとすべきものとして位置づけられる。こうして目的刑・教育刑論は、いわゆる特別予防論と結合し、行刑の改革を展望する改善刑へと進化するのである。(1)

そこで、まず特別予防論については、一般予防との関係が問題となる。牧野博士は具体的な問題として、行為者自身の特別予防（改善と教育）のためには重い刑を科す必要がない場合に、それにもかかわらず、なお一般予防の目的のために重い刑を科す必要があるのかという形でこれを問い、結論的にはこれを否定し、刑は特別予防の限度に止め、一般予防には別に方法を考慮すべきではないかとされているのが注目される。(2)

しかし逆に、一般予防のほうが軽い場合に特別予防の必要から刑を重くすることは許されるのかという問題についてはこれを肯定され、その重からねばならぬ理由を社会に対して明らかにするのが国家の任務であるといわれる。これは、責任をこえた危険性による処罰という点に関連するが、たとえば、累犯の場合には、たとえ実害が軽微でも社会保全のために刑は加重さ

れ、また仮案では常習累犯に対して不定期刑が予定されているのもこれにあたるとされているのである。(3)

次に、目的刑・教育刑の主体としての国家観を問題としなければならない。牧野博士はこの点でも、警察国家から法治国家をこえて文化国家にいたる進化論を展開された上で、「文化国家」の立場から教育刑の理念が推進されるべきことを主張されるのである。「国家は、国家におけるわれわれの共同生活を保全し、統制し、発展せしめ、繁栄ならしめることを、その任務とする」と説かれる。犯罪人も人間であり、個人としての尊厳は尊重されねばならず、最後の一人をも見捨ててはならぬともされたのである。それは国家のあるべき理想を説くものとしては正当だといえようが、問題は、現実の国家との間に不可避的に存在せざるをえないギャップをいかに分析するかにかかっている。牧野博士がこのギャップを全く意識されなかったと見ることはできないであろうが、しかし教育刑論を積極的に押し進めるために現実の国家の文化的・福祉的性格を強調し全体としてこれを美化するという方向を示したことはたしかなように思われる。教育刑論への進化発展という理念上の至上命令のために、法治国思想と人権論が本質上欠落してしまったところに、いわば目的と手段の倒錯が見られ、そこに牧野理論の決定的な限界があったというべきであろう。(4)

(1) 牧野博士は、すでにその初期から、「刑の目的はその害を最も小にしてその効果を最も大にするに在り」とする功利主義の所説に賛成されていた(「責任及悪性」法協二五巻一二号、明四〇)。神学的応報や権威主義によって刑罰を正当化する考え方とは原則的に無縁であったということができる。しかし、それが冷たい合理主義であって、哲学的な倫理的基礎を欠いているという批判に対しては、応報刑主義のよって立つ正義としての価値をさらに一段と高めるのであって、われわれにも倫理感、正義感があると答えられているのが注目される(総論上一二三頁)。しかしこの倫理的契機が刑法理論のどこにどのような形で姿をあらわすのか明らかではない。

(2) 牧野博士はしかし、刑の一般予防効果を全くみとめないわけではないとされ、社会一般の合理的な理解を得ることの必要性を指摘されている。ただ、従来の一般予防主義が往々、いたずらに権力的な威嚇主義におちいる点を批判されている。したがって、特別予防の必要が全くないならば、犯罪を犯しても処罰すべきではないことになるのか、といった極端な例まで承認されるものとは思われない。しかしそれにもかかわらず、一般予防の無視と教育刑論が刑政を弛緩させるという非難には正面から反論され、権威的な威嚇主義を克服すべきことを主張されているのは注目されてよい点であると考えられる(総論一二四頁、一二八頁)。

(3) 保安処分も不定期刑も、牧野博士によれば、目的刑と特別予防論からの産物であるが、少年の保護処分とくらべて、改善の効果が期待しがたいとすれば、その場合の「社会保全」の利益とは何かという点があらためて問われなければならないであろう。一方しかし、牧野博士は、矯正不能犯人として絶対に社会から隔離せねばならないと断定することには問題があるとし、そこに理念としての教育刑の趣旨があるとされている。牧野博士の「死刑」に対する態度は必ずしも明確ではないが、その一般予防作用が科学的に必ずしも証明されていないとする議論を援用されているのは注目されてよいであろう（総論上一二五頁）。

（4）牧野博士は、国家の存在の正当性と法律による強制の根拠が国家権力の行使の正しさにあるとされ、国家の権力行為が社会に対して保護の手段をつくしているかどうかがその際の基準であるとさえいわれていたことがある（「刑事政策と労働問題」『刑事学の新思潮と新刑法』所収、明三九）。しかし、国家に対するこのようなきびしい態度が、具体的な問題にあたって、国政一般および刑事政策への批判として果たしてどの程度展開されたのであろうか。それがほとんど見られなかったとすれば、それはなぜであったか。そこに牧野刑法学の真の問題点があるように思われる。国家論におけるその感覚の一端は、五箇条御誓文を日本国憲法と並べられるところにもあらわれている（総論上五八頁）。

四　主観主義論

牧野博士によれば、客観主義とは犯罪主義または事実主義ともよばれ、刑罰は犯罪事実（実害または危険）の軽重に応じて科せられるべきものとする考え方であるといわれる（罪刑平衡主義）。これに対して主観主義とは、犯人主義または人格主義ともよばれ、刑罰は侵害の反覆に関する蓋然性、すなわち悪性、社会的危険性の程度によって定められるべきであるとする考え方だとされている。

そしてここでも、客観主義から主観主義への進化は、一九世紀後半期における実証的研究が犯罪人の研究に及び、偶発犯人と常習犯人との差とその処遇上の個別化を要請するにいたったことからの必然的な帰結であるとされている。とくに、常習犯に対する特例ということが現代における刑法の発展の一特徴になりつつあるといわれるのである。

牧野博士は、一定の行為による犯罪の分類がなお重要な意義を保持することを否定されないが、しかしそれは刑法の進化とともに緩和されるべきであり、規定の単純化による裁判官の裁量の拡大、執行猶予による刑の緩和とともに、常習犯類型の導入、保安処分による補充など、犯人論への傾斜が近時の刑事立法の国際的傾向だとされるのである(1)。

次に、犯罪行為の中でも、客観的側面よりも主観的側面に重点が移されるべきだという主張が生ずる。外部的行為とその結果という事実から犯罪主体の心理状態への関心の移動は、心理作用の必然的法則を探究する心理学、生理学の発達に由来するといわれる。しかし、責任能力および故意・過失という主観的要件は、行為と犯人の物心両面を連結するという機能でなく、性情の反社会的性格を徴表することによって刑罰の適当性、必要性の標準になるべきだとされるのである。こうして責任を犯罪反覆の危険性(悪性)として理解するならば、少年や精神障害者の行為であっても社会防衛上区別する理由はなく、ただ処遇の方法が異なるだけだという

結論がみちびかれるのは自然の成り行きである。(2)

牧野博士によれば、刑事責任の進化は民事責任からの分化によって生じたとされる。民事責任の本質は損害賠償にあり、その基本は過去の客観的な実害にあるのに対して、刑事責任の本質は刑罰にあり、その基本は主観の悪性であり将来の危険の予防にあるという形で両者が対置され、その区別の重要性と分化の必然性が説かれる。したがって、賠償と予防、客観と主観、特別予防と一般予防とが混同され、錯雑して考えられる間は、刑事責任はその純粋な形態に在るものということはできないとされるのである。(3)

牧野博士の主観主義論には、犯罪人論と犯罪の主観的側面に関する理論とがあるが、この両者が犯罪人論（悪性からの社会防衛）への傾斜において統合されるところに、その主観主義論の特質を見ることができるように思われる。(4)

(1) ここでは、犯罪から犯人への進化と重点の変遷が語られている。牧野博士は、かねてから、行為形態による犯罪の細分化された分類を煩瑣なものとし、できるだけこれを単純化すべきものと主張されていた。たとえば、窃盗と詐欺と恐喝とは法定刑が同じである以上、各別に規定するのは形式上の区別にすぎず、社会防衛には何ら益するところがないといわれていた。しかし、犯人の社会的危険性のみで何らの法益侵害もないのに処罰するのは行きすぎなので、犯人の悪性を徴表する行為による分類にしたがうべしとされたのである。こうして、主観的標準にもとづく犯罪分類法の探究が課題だとされたのであるが、そこでは、故意・過失の区別、累犯・常習犯の規定、刑の量定原則における危険性の考慮などが念頭におかれている。犯人の悪性による分類と銘打たれてはいるが、偶発犯人と慣習犯人の分類を直接規定する方法は見出されていない（「悪性による犯罪の分類」法協二七巻三号、明四二）。

（2） 「犯罪は法益の侵害ではなく、悪性の表現である」という命題は、すでに牧野博士の初期の著作の中に見えている（「犯罪の概念を論ず」法学志林八巻四・五号、明三九）。そこでは、客観的行為から主観的犯意への移行を刑法進化の趨勢であると明言されていた。それは、客観的要件（違法）の上に主観的要件（責任）を要請するという発想とは質的にちがったものであることに注意しなければならない。それは主観的要件を決定的に優位させ、客観的要件をその徴表へと転化させる考え方だといってよいであろう。後年この点は、ナチスの刑法理論によって、侵害刑法から意思刑法への転化として主張されたものと同一の系譜に属する。牧野博士が、ナチスの贖罪主義には疑問を留保されつつも、その意思刑法論には全面的に賛意を表されたのは決して偶然ではないといえよう（総論上三五頁）。

（3） 民法の客観主義から刑法の主観主義への進化というのは、牧野博士の古くからの主張である（「民事責任と刑事責任との分化を論じて刑法の基礎観念に及ぶ」明四〇『刑事学の新思潮と新刑法』所収）。しかし、ここでも問題は、故意・過失が、なぜ損害の発生を前提とした帰責の条件としてでなく、悪性の表現として位置づけられたのかという点にかかっている。未遂の処罰が文明と進化の産物だとする牧野博士の発想もこの点に関連する。それが主観的未遂論として処罰範囲の拡大をみちびいたことは周知のところである。なお他の制裁との関連では、刑事責任の純化が論ぜられるのみで、その補充的第二次的役割という観点がほとんど姿を見せない点も注目されてよいように思われる。

（4） 犯罪人論は、刑事政策および行刑論において主として展開されたが、犯罪の主観的要件論は、直接犯罪の成立要件の解釈論にかかわるものであった。そしてそれは、結果的に処罰範囲の拡大へとみちびいたことは否定できない。この分野における主観主義はむしろドイツにおけるよりも徹底した形で展開されたといってよい。この点で、犯罪論におけるリストと牧野博士の相違は、分析されるべき興味ある課題であろう。

五　罪刑法定主義論

牧野刑法学の方法論を検討する上で、その罪刑法定主義論のもつ意義はきわめて大きい。それは犯罪の成否を問題にする際の基本的な出発点をなすものと考えられるからである。そして牧野博士自身も、旧派刑法学のよって立つ罪刑法定主義論への批判とその克服のために終始一貫して情熱を傾けられたのである。

この問題についての牧野博士の出発点は、明治四〇年の現行刑法が旧刑法のような明文の罪刑法定主義規定を欠くという事実であった。当時、牧野博士は、この削除には積極的な理由があるとし、そのいわゆる自由法論の立場から新刑法を解釈して行かなければならないとされていたのである。(1)

罪刑法定主義の原則の成立の沿革とその意義に関する牧野博士の所説は、一般にも異論を見ない程度に整備され、説得的でもあるといってよいように思われる。それは、「自由が圧制に打勝った」政治上の一大変革（フランス革命）とともに、罪刑専壇主義にかわって歴史上登場したところの近代法治国刑法の基本原則だとされたのである。三権分立の原理、人権思想の発達、官憲による刑罰権の濫用の阻止といった時代的背景の的確な指摘も存在する。

では、なぜこのようにして確立した罪刑法定主義の原則が緩和され批判され解消されねばならないと主張されたのであろうか。それは、結局のところ、上述来の刑法の進化——社会防衛、主観主義、特別予防、目的刑・教育刑——にとって、罪刑の法定による制約という形式的な法律関係の要請が障害となり桎梏に転化したからにほかならない。その変遷を促進したのは合理的で科学的な社会防衛の利益であったが、それはイデオロギー的には、一九世紀の法治国思想から二〇世紀の文化国思想への進化として説明された。最大の問題は、裁判官の裁量幅の増大と執行官の権限の拡大が個人の人権をあやうくするおそれにあったが、牧野博士は、「今日の時勢はフランス大革命を距る既に百年以上、最早中世の乱暴な壇断主義は単に沿革として幽かに社会の記憶に残るに過ぎない」として、その危惧を一蹴されたのである。(2)

しかし、牧野博士が罪刑法定主義の原則を真向から否定し、これを放棄されたと見ることは正確ではない。むしろ、この原則を新しい時代の要請に矛盾しないように修正・変容させ、さらにはこれに新しい内容を盛るというのが牧野博士の課題であったといってよいように思われる。まず、前者の点については、罪刑法定主義の法律的意義の現代的再検討という観点から、その派生原則とされている問題についての一定の緩和可能性が主張され、後者の点については、罪刑法定主義の刑事政策的意義とその展望という観点から、この原則のもつ制限機能の上に促進機能を加えるという提案がなされるにいたった。とくに後者の点は、「各人は法律によって刑罰から保護されるとともに、また刑罰によって保護されねばならない」という形で、社会保全と人権を統一する原理にまでこの原則を引き上げる契機となった意味で重要であり、特別の注目を集めなければならない。(3)

しかし、結論的にいえば、前者は、罪刑法定主義を形式的法定原則に矮小化することによって実質的内容を棚上げしようとするものであり、後者は、人権を国家刑罰権の一般助長機能の中に包摂し解消させてしまうことを意味するように思われるのである。

(1) 牧野『刑事学の新思潮と新刑法』明四二、第一章新刑法と罪刑法定主義、一八頁。そこでは、今や法定主義は刑法の正文から除かれた、と明言されている。しかしその後は、旧憲法にその趣旨の明文があるから重ねて明らかにする必要がないという通説の立場にあえて異議を立ててはおられない。しかし、日本国憲法にも直接これを明らかにした規定がないとする牧野博士の理解には問題がある。そのことは、罪刑法定主義をすぐれて実体法上の法定原則としてしか理解しえなかった戦前型のアプローチの限界をあらわしているように思われる（総論上二一六頁）。

(2) 牧野『刑事学の新思潮と新刑法』明四二、一四―一五頁。初期の著作においては、刑法をもって犯人に対する社会防衛とするのが現代思潮であり、それは一九世紀の個人本位時代から二〇世紀の社会本位時代への進化の結果であるとして、両者を対置するとともに、これを旧刑法と新刑法の基本観念の相違として浮きぼりにするという手法が目立っている。刑法は社会のために犯人を処罰することを規定したものであるから、刑法によって行動の制限をうけるのは裁判官ではなく犯人でなければならないのはいうまでもない、といった論調さえ存在するのである。

(3) 前者の法律的意義のところでは、成文法による刑罰法規がその内容の一部を慣習法にゆずることは支障がないこと、事後法の否定も憲法上の制約がなければ必ずしも絶対的な要請ではないこと、類推解釈も論理的である限り許容されるべきこと、不定期刑の禁止も必ずしも罪刑法定主義からの必然的帰結ではないこと、などの点が指摘されている。具体的に見れば、それはやはり罪刑法定主義の緩和ではなくて否定を意味するというべきであろう。罪刑法定主義については、牧野博士の理解はこれを形式的法定原則に矮小化しようとするもので、得意の合目的的考察はここでは不思議なことに放棄されているのである。次に、罪刑法定主義の促進機能という点は、より根本的な問題をはらんでいる。「人権の保障は、ひとり法律に依り刑罰に対して保護せられるばかりでなく、更に、法律に依って刑罰に依り保護せられる」というのは美しい言葉であるが、毒素を含んでいる。それは、実は、国家による刑罰権の執行によって人権が保護されるということであって、それが可能ならば罪刑法定主義の問題は最初からおこらないはずである。そこでは、法律は権力の合理的行使のために奉仕する基準にすぎなくなる。教育刑は一般助長行政の反映としての人権促進機能をもつとされるのであるが、この論法からは、常習累犯の不定期刑、精神障害者の保安処分なども、人権保障と矛盾しないということになるであろう。問題はここでも、現実の「文化国家」の権力の性格と刑罰権行使の実態に対する批判的分析の欠如という点に帰結されることになる。主観主義の刑法も刑法における人権の保障を忘れているのではないという指摘も、刑法における矛盾と二律背反の歴史的存在性格と深刻な問題性を回避しては、単なる主観的願望におわるものというべきであろう（総論上一三一頁、二一八頁以下）。

なお、罪刑法定主義に対するこのような考え方は、戦後における人権論の一般的高揚期においても基本的に変わらず、何らの反省もなされていない（「罪刑法定主義と社会の通念」警察研究二二巻一〇号、昭二六）。

六　刑法解釈の方法論

刑法解釈の方法は、罪刑法定主義に対する上述の考え方と密接に関連する問題である。むしろ牧野博士においては、法の解釈の方法をめぐる新しい動き（自由法運動）を出発点として、刑法における罪刑法定主義への批判的アプローチを展開させるようになったということができる。

まず、牧野博士は、刑法における厳格解釈の必要性という点への批判から出発される。結論的には、かつて一九世紀当時においては人権の保障と罪刑法定主義に対応して刑法解釈の特殊性が主張され、またその理由もあったが、二〇世紀の今日では、刑政における官憲の濫用が必ずしもかつてのように恐れられず、また解釈の論理的意義に対する科学的反省もなされてきているので、刑法の解釈も民法を含む一般の法律の解釈と異なる特殊性をもつと考えるべきではないといわれるのである。(1)

では、解釈にあたって依拠すべき原則は何か。それは、牧野博士によれば、形式的には科学的論理であり、実質的には社会の必要、時代の趨勢ということになる。法律自体は過去に制定されたものであっても、立法者の意思に拘束されるものではなく、現在の段階における具体的妥当性こそが問題である以上、進化的解釈、目的論的解釈をとることが当然だとされるのである。

こうして、類推解釈も、それが実質的に社会の必要に裏づけられ、解釈として論理的な方法である限りは、他の法規一般においてと同様に、刑法においてもまた許容されねばならないという帰結がみちびかれる。問題は論理をこえての類推であるか否かという点にあるにすぎないとされるのである。(2)

牧野博士はさらにすすんで、類推規定を積極的に定立したナチスの立法に触れ、それが博士の多年の主張を明文化したものとして積極的に評価される。ドイツでは解釈がより厳格なのでこのような規定が必要とされたのであり、具体的な事例の解決はこのような規定のない他国の場合とそれほどのかわりはないといわれるのである。

たしかに、類推規定のない国における解釈にも大いに問題はあるといってよい。しかし、公然たる類推規定の存否のもつ意味はやはり決定的だといわなければならない。さもなければ、戦後のドイツが再び罪刑法定主義を宣言し、類推規定を排除したことの歴史的意義を理解することはできないであろう。(3)

(1) 牧野博士はその初期から、民法の解釈と刑法の解釈を比較して、その間に相違はあるべきではないと主張されていた。刑法にのみ厳格さを要求するのは、権衡を失するといわれるのである。その比較論で興味があるのは、民法では債権者と債務者との間の平等取扱いが問題であるのに対して、刑法でも社会と犯人との間の公平な取扱いが問題となる点で相違はないとされている点である。そこに、刑法を私法的な関係に準じて理解されることからくる一定のメリットを見ることもできなくはないが、逆にやはり国家刑罰権をめぐる国家と個人間の対抗関係のもつ特殊性に対する意識的・無意識的な無視という問題性を指摘せざるをえないであろう(『刑事学の新思潮と新刑法』明四二、一五―一七頁)。

なお、牧野博士のこのようなアプローチが、私法解釈論を中心に展開された、いわゆる「自由法論」によって支えられ、推進されたものであることは、周知のところである。最も初期の著作の中には、ジェニー、サレイユなどフランス自由法学者の主張の熱心な紹介と帰依を見ることができる。そこでは、成文法万能主義と形式論理の打破、判例研究の重要性、時代の精神と時勢の要求の考慮、といった考え方が新鮮な魅力をもつものとして語られている（「法律学の主観的新思潮」法協二二巻九号、明三六、「法学研究の態度に関する基本観念」法協二二巻八号、明三七、「法学の研究に関する近時の趨勢」法協二四巻二号、明三九）。

（2）刑法解釈の際の実質的原則が時代の精神であり、社会の必要であることは、牧野博士の所説から明らかなところであり、目的論的解釈もそこに由来することは十分に理解できる。しかしここでも、何が社会の必要かという肝心な問題が留保されていることに注意しなければならない。そして実際には、社会の必要の名の下に、多くのケースが、文言をこえた処罰の利益において解決されようとしているのである。電気窃盗をはじめ、類推かどうか争われた判例のケースのほとんどすべてについて、牧野博士が有罪説をとられていたことが、この点で注目されるのである。それよりも理解の困難なのは、論理をこえての類推か否かといわれる際の「論理」とは何かという点である。科学的論理ということによって、枠づけと限界設定が可能なのであろうか。問題はやはり、「文理」というものにどれほどの比重をおくかという態度決定にかかっているように思われる。罪刑法定主義が制約原理となるのは、実質的な社会の必要にもかかわらず、形式的文言の枠が狭い場合であるから、文理の過小評価は罪刑法定主義の本命の役割をみとめないことを意味するというべきであろう。

なお、牧野博士が、被告人に利益か不利益かということで解釈方法をかえるというのは論理的な態度ではないと批判されるとき、この場合の「論理」は価値的に異なる事象を同一にならしてしまう「かくれみの」につかわれているように思われる（総論上二二七頁）。

（3）牧野博士は、ナチス政権下の政治事情のことは論外であるとされている。しかし、類推規定や罪刑法定主義の運命は、政治体制とは無関係な「論理」の進化の問題にすぎないのであろうか。そして、これを論理の問題にすりかえるところにこそ、進化論の限界と政治的役割があるともいえるように思われる。

七　結　語

牧野博士の刑法学方法論の理解は、単純に見えてその実とらえ難い困難性を含んでいるように思われる。結論にかえて、以上の検討の中から、その特色をいくつかあげてみることにする。

まず第一に注目されるのは、いわゆる「進化」の論理であって、これがあらゆる問題に、きわめて巧みな形で標語的な対応を駆使しながら縦横に適用されるところに、牧野法学の最大の特色を見出すことができるように思われる。それは一面的で自己完結的な形式論理ではなく、発展と変化の契機を含み将来への展望を内在させている点において、常に新鮮な魅力を維持しえたといってよいであろう。反対者をしばしばその論理に引きこむ力をもっていたということができる。

第二に、しかし、牧野刑法学の力量は単にその論理的説得力にあるのではなく、何よりも現実の刑法および刑事政策の動向に足場をすえ、ある意味ではその動向を先取りしながら基本的にこれに対応していたという点に由来するものと思われる。牧野博士は、刑法の近代化の前提として社会の近代化を措定し、その近代化は生存競争の発展によって生ずる社会的矛盾の科学的で合理的な解決に国家が積極的にのり出すことを必要ならしめ、刑法もまたその手段に奉仕すべきものとして位置づけられたのである。社会の保全が個人の保護につながるという発想は、現代国家の労働政策や社会福祉政策のもつ二面的性格に対応して意味づけられていたということができよう。刑事政策の分野では、現に、裁判官の裁量の拡大、執行猶予、仮釈放の普及、行刑改革の進展など、牧野博士が進化の方向として示されたものが、もちろん一定の制約と留保つきではあるが、実現されつつあるといってもよいのである。

牧野刑法学に対しては、すでに戦前から、とくに小野、瀧川博士など旧派応報刑・客観主義の立場から批判が提起され、それがわが国における学派の争いを形成したことは周知のところである。しかし一般的にいえば、旧派の側からの批判に対して、牧野博士は正面からこれに答えるよりも、これを消極主義と評価し、応報刑と客観主義からは刑法にいかなる展望がありうるのかと反問されたのである。牧野博士には世界的動向をふまえた自信があったと見ることができる。単なる消極的な批判的対応では決定的に弱く、かといって「日本法理」で対抗することはより反動的であったところに戦前の旧派の悩みと限界があったといってよいであろう。

第三に、しかしそれにもかかわらず、牧野刑法学には決定的な弱点と限界があったことをみとめないわけにはいかないように思われる。それは、牧野博士の提起された刑法における進化論のパターンが、それ自体一定の歴史的発展の現実を反映するものでありながら、逆に現実を動かす論理として一般化され、現実的な矛盾による具体的な検証、とくに批判的な検証に向わなかった点にあらわれている。とくに、わが国の場合のように、近代的市民社会が未確立なまで資本主義が高度化し社会化したようなところでは、社会政策は警察国家的な治安政策と不可分なものとしてあらわれざるをえないであろう。ここに牧野博士の進化論のパターンがもちこまれたところに問題がある。したがって、牧野法学への批判は、その具体的な適用がそのときどきの日本の刑事政策の現実の中でどのような役割を果たしたかを個別的に検証する中でこそ与えられるというべきであろう。牧野博士の刑法方法論から今日われわれが何を学ぶかという問題も、わが国の現実を念頭において、それへの具体的な対応の中で、具体的にその得失を評価すべきものと考えられる。

第2章 木村博士の刑法思想

一 序

木村亀二博士は、牧野博士とともにわが国における新派主観主義刑法学の領袖に数えられるのが一般であるが、その多くの共通性にもかかわらず、とくに戦後における目的的行為論への接近に象徴されるように、基本的な方法論上の異同ないし相違が存在するように思われる。木村博士もまた、せまい刑法解釈学者ではなく、刑事政策からさらに法哲学にまで及ぶ広い学問領域を渉猟されたが、その業績表を見て驚かされるのは、その時々の外国文献の丹念な紹介論文が実に多いという点である。当然そこには著者自身の関心と取捨選択の規準が働いているはずである。その多様性のために木村博士の方法論と思想形成に何が最も決定的な影響を与えたかを判定することは決して容易ではない。むしろ牧野博士の影響の下で新派の陣営に属しつつ、内部に形成された独自性が次第に顕在化していったものといってよいように思われる。

以下では、木村博士の著作の中から、基本的な方法論に関連するものを選んでその主張を客観的に要約し、これに現代的な観点を含めて若干のコメントを加えてみることにする。その際とくに、牧野博士との異同に注目することはもちろんであるが、とくに木村博士の場合には、戦前と戦後の時代による見解の変遷にも十分の注意を払うことが要請されるであろう。(1)

(1) 木村博士の業績を全体的に概観したものとして、金沢文雄「木村亀二博士の法哲学・刑事政策学・刑法学」判例タイムズ二七八号、三〇頁以下、大野平吉「木村亀二博士の法哲学と刑法理論」熊本法学一九・二〇号、など参照。

二　基本思想とその変遷

まず最初に、刑法を含む法の目的、つまり法内容をみちびき出す根本的価値観についての木村博士の基本的な考え方を見ておかなければならない。それは、刑法における人間観の問題だといってもよいが、木村博士には「刑法に於ける人間」という論文があるので、まずその内容を見てみよう(1)。

そこでは、犯罪人観の変遷が次のような対抗関係において把握されている。古典学派においては、その犯罪人像はフォイエルバッハの心理強制説を通して理解される理性的人間であり、そこから犯罪としての行為のみを考察の対象として前面に押し出す行為主義・客観主義の刑法理論がみちびき出される。一方、実証学派における犯罪人は、理性的判断をなしえない人間、つまり諸種の素質的・環境的原因によって宿命的に犯罪に押しやられる非理性的人間であり、そこから犯人の反社会性に応じた処分の個別化を目ざす行為者主義・主観主義の刑法理論がみちびき出される。そして、前者では、国家は理性的人間相互間の契約によって成立し、自由の番人にすぎないのに対して、後者では、社会と国家は犯罪人を自己の価値規準まで高め積極的に救助する義務を有する。後者における社会への復帰は人間への復帰として人道的なものであり、それが刑法の進化の目標であるとされている。

ここではとくに、新派のテーゼが危険な犯罪人の排外処分による社会防衛という形ではなく、保護と教育による社会復帰という形で主張されているのが注目される。この点は、別の論文で、昭和初期の犯罪統計から「犯罪のプロレタリア化」現象を論証するにあたって、国家による保護と教育の必要性と義務が強調されていた点とも符合するといえよう(2)。

しかし、ナチスの全体主義と日本の淳風美俗論が抬頭する中で、木村博士の価値観にも変動が生ざざるをえなかった。結論的にいえば、ナチス刑法に対しては、その贖罪応報刑思想には最後まで抵抗されたが、「刑法の保護の中心が国家的利益であり且つ刑罰の意義が国家権威の発揚たることに在らねばならぬという意味に於ては、全体主義の刑罰理論たる権威刑法の思想に対しては全然同感である。全体は部分に対して価値に於て優越し先行せねばならぬ」というところまで行きつかれたのである(3)。全体主義の下でも、犯人たる個人の保護は全うせられねばならぬとされてはいるが、すでにここでは、国家主義と個人主義とを調和するはずの「団体主義」が国家の利益の側に傾斜せざるをえなかったものと考えられる。特別予防主義は個別化主義であって決して個人主義ではないという形で、ナチスとの結合が図られたのである。一方、日本的なものとの関連でも、民族的契機や日本的特質への関心と強調が見られるが、それ以上の日本的道義の非合理的強調は国際的な比較法的視野によって相殺され、顕在化するにはいたらなかったということができる(4)。

戦後における木村博士の基本思想は、何よりも新憲法の理念（民主主義と自由、人権）を刑法に具体化するという強い姿勢の中にあらわれていた。そこでは、主権在民の民主主義原理、民主主義の基本としての個人の自由と人権の保障が高らかに宣言され、「民主革命と刑法」という表現さえ用いられていたのである。新憲法の下での罪刑法定主義の強調が「個人自由の保障の大精神」から自覚的にみちびき出されていた点で、牧野博士との相違を見ることができる。(5) 刑法の機能が国家刑罰権からの個人の保障的機能とともに犯罪からの法益保護機能をも有し、個人的利益と社会・国家の利益との調和が刑法の理念であるとする構成そのものは基本的に変わっていないが、明確な構成要件からの超法規的解釈として共謀共同正犯論を批判し、破防法を新しいファシズムの登場として評価し、政治ストの合法性を論ずるなど、戦後初期の木村博士の基調はかなり明確に個人の自由とその保障の方向に傾斜したといってよいように思われる。(6)

しかしその後、教育刑と死刑廃止論は一貫して強調されつつも、犯罪論を中心とする刑法解釈学に重点が移行することによって、個人の自由と人権保障の特別な強調という側面は相対的に目立たなくなる傾向が見られる。新派の思想と目的的行為論とを連結することに最大の関心が向かったものといえよう。(7) そしてその成果である「刑法総論」では、刑法規範の倫理的機能が指摘されるとともに、全体と個人、国家的利益と個人的利益とを調和する理念として、再び社会本位的な「団体主義」という表現が姿を見せているのが注目される。(8)

そこで以下では、方法論にかかわる各問題毎に、この到達点を中心に内容的な分析を加えることにする。

(1) 木村「刑法に於ける人間」法学六巻四号、昭一二、『刑法解釈学の諸問題』有斐閣昭一四、所収。

(2) 木村「刑法改正の社会的意義」法律時報四巻五号、昭七。この論文は、仮案総則(昭六)を論評したものであるが、犯罪を日本資本主義の発展の中でとらえ、無産者大衆の意識的・無意識的反抗としてこれを把握した上で、階級対立がますます尖鋭化しつつある現状をふまえて、抑圧的な刑事政策が政治犯人にそのまま適用されてはならないと主張している。国家は自己の社会組織の不合理を、その不合理を除去せんと努力する人々の頭上に押しつける権利をもつものではないとさえいわれているのである。具体的には、政治犯を一切の累犯規定から除去すること、死刑を廃止すべきことが提案されているのも注目される。そこには、刑法改正を真に社会的に意義あらしめるためにはどうすればよいかという現実的でかつ進歩的な姿勢をうかがうことができる。なお、この論文には、「資本論」への言及さえ姿を見せているが、ほぼ同時期に書かれた論文「ヘーゲルの刑法理論の現代的意義」(法学志林三三巻一一号、昭六、『刑法解釈学の諸問題』所収)にも、ヘーゲルの刑罰論をタリオ原則の思弁的粉飾だとしたマルクスの批判の正確な引用が存在するのである。

(3) 木村「刑法に於ける全体主義」法律時報一一巻一号、昭一四、『法と民族』日本評論社昭一六、二四九頁。また、ナチスのいわゆる「全体的考察」と「本質的直観」についても、犯罪の考察については疑問があるとされつつも、行為と行為者の全体的・統一的把握を通じての行為者刑法という点では一致しうることが強調されているのである。

(4) 木村「法律学に於ける民族精神の再生」法律時報八巻四号、昭一一、同「法律学における日本的なるもの」法律時報一二巻一一号、昭一五、『法と民族』所収参照。木村博士はまた、いわゆる社会的責任論もまた、道徳的・倫理的たることもちろんであって、ただそれが個人道徳でなく社会道徳的基礎の上に立つ点で道義的責任論と異なるだけであるとされていたのが注目されるところである。木村「法律的責任と道徳的責任」知性二巻一〇号、昭一四、『法と民族』一九三頁参照。

(5) 木村「民主革命と刑法」、『新憲法と刑事法』法文社昭二五、七七頁以下参照。そこでは、たとえば憲法三九条が、支配的権力を握る者による恣意的解釈によって政敵をしばるという、かつてのナチスのやり方を抹殺した点に意義があるという形で、イデオロギー的にとらえられているのが注目される。

(6) 木村「憲法的思惟の危機」法曹時報二巻三号、昭二五、「破防法と日本文化の危機——新しいファシズムの登場」改造三三巻一一号、昭二七、「政治ストの合法性」法律時報二四巻八号、昭二七、『刑法雑筆』日本評論新社、昭三〇、所収、など参照。

(7) 木村「目的的行為論」法律時報二五巻二号、昭二八、『刑法雑筆』所収、「刑法理論の十五年」法律のひろば一六巻一〇号、昭三八、など参照。

(8) 木村『刑法総論』法律学全集四〇巻、有斐閣、昭三四、増補版昭五三、八九―九〇頁参照。

三　教育刑論

木村博士が熱心な教育刑論者であったことは周知のところである。そしてこの点においては、戦前から戦後にいたるまでほとんど変わらない一貫した主張の展開を見ることができるように思われる。しかし、教育刑論を支える思想的および政治的基礎に着目するならば、そこに刑罰の本質論の分野に見られた学派争い（応報刑か教育刑か）のそのときどきの論争点への対応の歴史を見ることができるのである。

まず、戦前の比較的初期の考え方は、「教育と教育刑の観念」（昭六）の中にあらわれている。そこでは、教育刑論における「教育」の内容が受刑者を改善し社会に再復帰させようとする新しい人道的で科学的な社会教育であり、そのためには新しい教育方法を身につけた刑務官を養成し、人らしく処遇することが根本的条件でなければならないという形で、とくにリープマンの教育刑論に示唆された格調高い論述が展開されている。ここで、とくに注目されるのは、教育が受刑者の意思を無視して彼を国家の権威の下に屈服させるような方法ではなく、受刑者を行刑の客体でなくその主体として処遇する点にあるとされている点であるが、さらに重要なのは、それが無制限なものではなく、刑罰権の行使の法的制限、被告人および受刑者の刑法および行刑法による保障と彼らの法的地位の確保の必要を前提とするものであることが明言されている点である。この最後の点は、教育刑と法治国思想との二律背反的性質として争われていた問題であったが、木村博士はラートブルフの「消極的刑事政策」を援用して、教育刑も謙遜でなければならぬとされていたのであった(1)。

しかし、「応報刑と教育刑」（昭一七）になると、木村博士の応報刑論批判の重点は、それが個人主義的、自由主義的法治国思想にもとづく等分的正義の表現として消極的な限界原理にとどまるという点に向けられ、教育刑論はこれを克服して、より高次の配分的、団体的正義を目ざすべきものとして位置づけられるにいたったのである。ここで注目されるのは、教育刑が最高の道義の実現を任務とするという形で積極的かつ包括的な意義を与えられているのみでなく、その内容が、「再び社会・国家の有用なる一員にまで形成し、最高の倫理的生活たる国家的社会的生活に協力せしめんとすること」にあるとされている点である。そこにはかつての謙遜はなく、刑罰権の制限と受刑者の地位の法的保障という前提も姿を見せていないのである。(2) この点との関連で、木村博士がナチスの行刑思想に対して、その応報刑的要素を批判されつつも、民族共同体への編入と受刑者分類などの科学的行刑のみならず、誤れる意味における教育刑思想の柔弱性を克服するものとして積極的に評価されたことも指摘しておかなければならないであろう。(3)

ついで戦後は、新憲法の下での民主主義思想が木村博士の教育刑論を支えることになった。「民主革命と刑法」（昭二三）の中では、憲法一三条、二五条、三六条などを根拠として、個人の尊重、社会に復帰する権利、残虐な刑罰の禁止によって要請される死刑の廃止など、教育刑論の新しい展開が見られる。民主主義の政治理論は教育刑を要請するものとされたのである。しかし、自由主義が復元されるとすれば、配分的正義との関連が再び問題とされなければならないはずであるが、かつてのような刑罰権の行使の制限、受刑者の法的地位の保障という制約的原理は依然姿を見せないままにとどまっている。(4)

このような考え方は、「刑法総論」（昭三四）にも基本的に踏襲されているといってよいが、そこでの教育刑論の展開には二つの点で注目すべき叙述が含まれている。一つは、教育刑論が、刑罰を排害処分とし犯人の人間性を尊重せずこれを単純な処分の客体とするにとどまる保護刑論（イタリア学派やリストの見解）を克服して、社会防衛の人道性と刑罰の再教育性を強調しなければならない（リープマンの見解）とされている点である。しかし何がそれを保障するのか、国家の善意かあるいは法的保障による制約であるかは明らかにされていない。今一つは、罪刑法定主義と教育刑とは矛盾しないとされる点であるが、ここでも教育刑は自由を尊重するといわれるのみで、その制度的保障には触れられることなくおわっている。(5)

（1）　木村「教育と教育刑の観念」刑政四四巻九・一〇号、昭六、『刑事政策の諸問題』有斐閣昭八、一二三頁以下参照。そこでは、教育刑が支配階級の道徳を受刑者に強制することではないとの叙述があるだけでなく、教育刑の実現が、いかなる社会制度の下に真に可能であるかを探究し、かかる社会の実現にも努力することを忘れてはならぬとされていたのである。また別の個所では、現代の犯罪が現有社会組織に由来するものであるから、刑事政策、社会政策その他社会組織の改革が必要であるともされており、そこに現状改革という問題意識を見ることができる。それが、いかなる方向のものであったかという点が、興味ある分析課題に属するといってよいであろう。

(2) 木村「応報刑と教育刑」法学一一巻一〇号、昭一七、『刑法の基本概念』有斐閣昭二三、五三頁以下参照。

(3) 木村「最近ドイツ行刑思想の展開」法学一〇巻五号、昭一六、『刑事政策の基礎理論』岩波書店昭一七、四六〇頁以下参照。ナチスの行刑政策は、旧派の小野博士によって、より全面的に、国家的応報と受刑者の主観的贖罪との結合として、当時、積極的に評価されていた。立場は異なるように見えるが、個人主義的法治主義の克服と、配分的な団体主義的正義の強調という点では、両者は実は共通していたといってよいであろう。

(4) 木村「民主革命と刑法」『新憲法と刑事法』法文社昭二五、一二三頁以下参照。そこでは、民主主義の政治理論が教育刑を肯定するとし、その例として、アメリカ監獄協会の原則宣言、ソビエトの労働改善法、ワイマール時代の自由刑執行の原則、ドイツ社会民主党の綱領があげられているのが注目される。ナチスはここでは除外され、ソ連の教育刑は評価されている。

(5) 木村『刑法総論』法律学全集四〇巻、昭三四、四六頁以下参照。

四　主観主義論

刑法における旧派と新派の対立するアプローチのうち、ここでは「犯罪論」の分野における客観主義と主観主義の対立を問題とし、この分野における木村博士の基本的な視点およびその主張の主要な特色を概観してみることにする。

木村博士は、すでに指摘したように、牧野博士の影響の下に新派の陣営に組されたのであるが、出発点はむしろ刑事政策論にあり、そこから犯罪人論、目的刑論、教育刑論がみちびき出されたものということができる。犯罪論の分野における木村博士の見解が主張されるようになったのは、かなり後のことであり、刑法解釈論としての犯罪成立要件の分析ではまず「刑法各論」(昭一四)が出たあと、総論を含む教科書は戦後になってから出版されている(新刑法読本、昭二三)。そして、戦後の目的的行為論を大幅にとり入れて書かれた「刑法総論」(昭三四)までは、犯罪論の分野における木村博士の見解は、基本的に牧野博士の学説をかなり忠実に踏襲したものであったということができるであろう(1)。

ここではまず、木村博士自身がかつて戦前(昭一三)に客観主義と主観主義の犯罪論上の対

立点としてあげられていた相違点とその意味をふりかえっておくことが有益であろう。(2)

木村博士はまず、刑法における客観主義と主観主義の対立が、判断の妥当性や価値基準の性質に関するものではなく、刑法的価値判断の対象となる人間の行為に関するものであって、行為の客観的側面に重点をおくか行為者の主観的側面に重点をおくかの相違に帰結されるとし、それは現実主義の犯罪理論に立つか犯罪徴表説に立つかの相違に対応するものとされる。そして牧野博士に従って、立法も司法も刑法も、構成要件の簡略化、累犯加重、仮釈放、執行猶予、不定期刑、保安処分、人格調査、個別化という方向に進化しつつあるとされるのである。

そこで次に、固有の犯罪論の領域では、学説上のいわゆる客観説・主観説の相違は必ずしも客観主義と主観主義との対立に対応するものではないといわれる。主観的違法論、過失の主観説、未遂・不能犯の純主観説、主観的共犯論などが必ずしも主観主義に対応しないのは、評価の客観性が留保されているからだとされるのである。そして結局、主観主義からの帰結としては、構成要件を実現する意思の強調、危険な意思の表現としての実行の着手、事実の錯誤における抽象的符合説、共犯独立性説などの点があげられている。木村博士によれば、以上のような個別的対立を生み出す基本的原因は、究極において、客観主義が行為を行為者から抽象して理解しようとする抽象論的・現実遊離的・観念的な思考方法であるのに対して、主観主義がこれを行為者の行為として有機的に理解しようとする実質的・実証的・全体的な思考方法であるという相違にもとづくものとされている。さらに思想史的には、客観主義が啓蒙的個人主義、主観主義が社会と個人の調和を本質とする団体主義に由来するものといわれるのである。(3)

では、主観主義のこのような理解は戦後どのように変化したのであろうか。「刑法総論」では、客観主義と主観主義の対立は次のように理解されている。まず、この対立が判断の対象にかかわるものであることを再確認した上で、主観主義が客観的違法論と矛盾するものでないことが主張されており、この点は変わりがない。主観主義とは、犯罪の内部的・主観的部分、つまり性格、人格、動機、目的、意思決定に重点をおく思想であるとされている。それは、犯罪を具体的な経験的人間の行為として、犯罪的情操・危険性・反社会性の表現と見るのであるが、同時に主体的な意思の実現としての意味的事実と見る考え方が付加されている。この点は、因果関係を支配する創造的意思を予定するところまで決定論を緩和する主張と対応しているということができよう。しかし、あとは立法の刑事政策的動向に言及がなされているのみで、主観主義が犯罪論上にもたらすべき個々の帰結についての叙述は省略されてしまっているのである。個人主義から団体主義への重点の変遷も強調されなくなってみると、果たしてどこに客観主義と主観主義の対立を生む原因と対立点があるのかという点が相対的に不明瞭になったことは否

定できないように思われる。(4)

(1)「新刑法読本」の犯罪論の部分にはしかし、牧野博士の場合には見られなかった構成要件論の採用、規範的責任論の展開といった新しい観点が含まれていたことに注目しなければならない。それは、旧派の体系への接近ないし融合の試みとして注目されるが、牧野博士による主観主義的解釈の基本線は原則として維持されている。それは、牧野=木村説という形でしばしば援用されたものである。

(2) 木村「刑法における客観主義と主観主義」法協雑誌五六巻六号、昭一三、『刑法解釈学の諸問題』有斐閣昭一四、一〇二頁以下参照。

(3) 主観的違法論が主観主義からの帰結ではないとされている点は、主観的違法要素をみとめても、判断基準が客観的であれば客観的違法論たりうるという論理に支えられている。この点は今日でも変わっていない。しかし、過失は客観的に解するというのが主観主義からの帰結であるとする根拠を見出すことは困難である。むしろ、主観主義とは、違法は主観的に、責任は客観的にとらえる考え方だというのが本質をついた分析だといってよいであろう。主観主義は実質的・全体的な把握方法であるが、処罰範囲の拡大をもたらすおそれを否定できない。啓蒙的個人主義をすでに過去のものと見る歴史観が、団体主義の名の下にこれを正当化しえたものといえよう。なお、客観主義が啓蒙的個人主義に対応するというのも正確ではない。旧派理論もまた、犯罪論の領域で主観化、規範化、実質化、倫理化の方向をたどり、団体主義に合流することになったからである。

(4) 戦前の叙述との関連でいえば、実行の着手論の主観説や共犯独立性説はそのまま維持されているが、事実の錯誤における抽象的符合説は放棄されてしまった。それが主観主義からの帰結だとされていたことを考えると、これは重大な修正といわざるをえない。そのほか、目的的行為論に従って、故意が主観的違法要素とされて体系的に違法論に格上げされ、法律の錯誤も自然犯・法定犯分離説から責任説への転換がなされるなど、かなり本質的な変化が見られる。しかしそれにもかかわらず、主観主義の基本的観点が維持されているとすれば、それだけ、目的的行為論と人的違法観、行為無価値論などの基本観念が主観主義と結合しうる共通性をもっていることをあらわしているように思われる。犯罪論における主観主義とは何か、という点をあらためて吟味すべきことが要請されるというべきである。

五　罪刑法定主義論

木村博士の業績の中には、罪刑法定主義について書かれたものが非常に多い。それは、古くからの刑法の根本問題の一つとして、著者の基本的な観点ないし姿勢を反映するものであったということができる。以下では、罪刑法定主義の問題に対する木村博士の主張とその特色を時代的な変遷に従って跡づけてみることにする。

まず最初にあらわれるのは、「罪刑法定主義の現代的意義」と題する論文であるが（昭九）、そこでの問題意識は、ソビエト刑法による明示的否認ののちナチスの立法もまた罪刑法定主義の原則の否認に向おうとしていた当時の状況の下で、この原則の歴史的意義を吟味しようとするところに求められていた。そこでは、罪刑法定主義を歴史的に成立せしめた二つの思想的要素として、三権分立の国法的思想と心理強制説の刑法思想があげられ、とくに前者が個人の自由を国家の専断から防衛すること、つまり国家の刑罰権力の制限を成文の法律によって確立しようとしたものであることが強調されている。ついで、罪刑法定主義と刑罰理論の関連について、心理強制説の提唱者であったフォイエルバッハは応報刑論者ではなく、むしろ応報刑論者であるビンディングが罪刑法定主義を認めず、新派のリストがこれを擁護したことをあげて、決して旧派応報刑論との必然的な関連はないとする。そして結論として、罪刑法定主義の政治的意義が刑罰権の濫用に対する被支配者の自由を確保することにある以上、たとえそれが個人主義的政治思想の産物であって社会本位の団体主義によって修正をせまられるにせよ、なおその現代的意義を否定することはできないものとされたのである。(1)

ナチス刑法の抬頭は罪刑法定主義の制度と思想を根底から放逐する危険をはらんでいたが、木村博士は、「罪刑法定主義の再検討」(昭一〇)で、ナチス・イデオローグによる罪刑法定主義否認論を詳細に分析紹介された。そこでは、超個人主義的権威主義国家の理念が罪刑法定主義の形式的保障に全く存在の余地を与えない所以が画かれているが、木村博士は、罪刑法定主義に対する無自覚的な信仰が批判されその歴史的被制約性が論定された点をみとめつつも、社会内部の対立が存する間は、なお弱者保護としてのこの原則は放棄されるべきではないとの態

度を維持されているのが注目されるところである。(2)

その後は、敗戦にいたるまで罪刑法定主義を独立に扱った論文は見当たらないが、大戦末期の戦時立法においても極端な一般条項化と裁量の拡大には疑問が留保されていたのが注目される。(3)

さて、戦後は、罪刑法定主義が新憲法との関連においていち早くとり上げられた。「新憲法と罪刑法定主義」(昭二二)がそれであるが、そこでは、憲法三一条(適正手続)と三九条(遡及効の禁止)によって罪刑法定主義が再確認されているばかりでなく、すすんで行刑における専断から受刑者を保護するという意味での行刑における罪刑法定主義にも言及がなされているのが注目される。しかし、前者の側面では、罪刑法定主義の自覚的な確立をもたらした個人主義的自由主義の憲法理念の強調が余り見られず、戦前の全体主義的傾向への反省も姿を見せていない点に問題があるように思われ、したがって派生原則の解釈もほとんど従来通りであって、より厳格に枠ぎめようとする方向性を見出すことはできない。また、後者の側面でも、教育改善のための行刑がどうして消極的な限界の法定と受刑者の権利保障につながりうるのかという点に今一つ不明確さがのこされているように思われる。(4)

その後、「罪刑法定主義」(昭二七)でも、自由主義・民主主義を基本とする市民国家の刑法としてのわが刑法においては、罪刑法定主義の原則はその根幹であり基柱であるとされているが、同時に、厳格解釈をとることは「個人的利益を一方的に偏重して社会的利益を無視する結果になる」との理由で拒否されているのである。[5] そしてそのような基調は、「刑法総論」の罪刑法定主義に関する叙述にも基本的に踏襲されているということができる。[6] しかし、罪刑法定主義の原則への態度は、より具体的に、派生原則といわれている個々の問題ごとに検討して見なければ、その実質的な意味を明らかにすることはできないであろう。そのうち、次節ではとくに、類推解釈の問題を扱うことにする。

（1）　木村「罪刑法定主義の現代的意義」刑政四七巻四号、昭九、四頁以下参照。木村博士はこの論文の中で、実証主義が罪刑法定主義と衝突するのは派生原則の一つである絶対的不定期刑についてであり、したがってその理念的貫徹は、相対的不定期刑の範囲で政治的妥協点を見出すべきものとされていた。注目されるのは、社会本位の団体主義への移行を承認されながらも、牧野博士のように文化国家論が登場して権力の濫用の危険が棚上げされるという方向には同調せず、社会に内部的な矛盾と対立がある限り制約原理が必要であるとされていた点である。派生原則の解釈はかなりゆるやかであって、類推の許容を含めて実質的にはそれほどの相違は見られないけれども、原則的な観点の相違が注目を引くのである。

（2）　木村「罪刑法定主義の再検討」法律時報七巻二号、昭一〇、『法と民族』日本評論社昭一六、二二二頁以下参照。そこでは、ナチスが真に敵対的なものとして克服しようとしたものが啓蒙的個人主義であり形式的法治思想であったこと、そして旧派も新派も実は祖先を同じくする兄弟であって、自由主義を喪失すればナチスにいたりつく可能性のあることが示唆されているのが興味深い。

(3) 木村「戦時刑事特別法」法律時報一五巻五号、昭一八、二一―二二頁参照。そこでは「国内治安の確保と世論の統一とを根本的眼目とする法律が、法律自体の規定の不明確性、漠然性のためにかえって国民の不安の種となることは望ましいことではない」とされていた。
(4) 木村「新憲法と罪刑法定主義」『新憲法と刑事法』昭二五、一三九頁以下参照。新憲法の下で、国家・社会の保護という利益はどのように位置づけられるようになったのか、そしてそれとの関連で、木村博士の団体主義思想がどのような変化をうけることになったのかという点が問われなければならないところであったが、この点への言及は存在しない。
(5) 木村「罪刑法定主義」刑事法講座一巻、昭二七、四三、四九頁参照。木村「罪刑法定主義」法学セミナー一号、昭三一、二二頁以下でも、全体主義的暴威の下に個人の自由が蹂躪される可能性のある限り罪刑法定主義の原則は尊重されるべきものとされているが、個人と全体とは相即不離であって、全体を無視した個人は無意義であり、個人を無視した全体は暴力と化するとされている。
(6) 木村『刑法総論』法律学全集四〇巻、昭三四、九一頁以下参照。

六　刑法解釈の方法論

刑法解釈の方法は、罪刑法定主義に対する考え方と密接に関連する問題である。とくにそれは類推解釈の許否をめぐる問題として重要視されてきた論争点に関連する。以下では、類推解釈を含む刑法解釈の方法についての木村博士の所説とその特色を、戦前と戦後を比較しながら跡づけてみることにする。

まず戦前の論策としては、「刑法における類推解釈」（昭一一）がある。そこでは、類推禁止を含む罪刑法定主義が啓蒙個人主義の時代に確立したが、二〇世紀に入るとともに民法における自由法運動が刑法の領域に拡大するに及んで罪刑法定主義と類推禁止との関係が疑われ、さらに罪刑法定主義の基礎となっていた個人主義思想が問題とされ、その結果、類推肯定への傾向が次第に一般化し、遂にはソ連とナチス・ドイツで明文による類推許容と罪刑法定主義の否認が生ずるにいたったという歴史的経過が叙述されている。ついで、旧派のビンディングが類推の明白な肯定論者であったことの指摘ののち、類推解釈肯定の傾向に重要な意義をもったものとして、自由法運動の刑法における展開、および刑法における目的論的方法の抬頭があげられている。そこで類推解釈肯定の論拠とされたのは、木村博士によれば、罪刑法定主義の規定が類推の許否と必ずしも論理的な関係にはないこと、刑法の解釈は社会的事情の変化に対応しなければならないこと、個人の利益よりも国家の利益が尊重されねばならないことといった点であった。ソ連およびナチス・ドイツにおける第三の観点の強調が指摘されたのち、最後にわが国の状況にふれ、牧野、瀧川博士の肯定説の紹介ののち、自説として、罪刑法定主義は一八世紀啓蒙思想の歴史的観念にすぎず、裁判官の専断から個人の自由を守るために類推解釈の禁止は必要であったが、今日では個人の利益とともに社会の利益をも調和的に守らねばならぬ以上、類推解釈も許容されなければならないとされたのである。結論的には、刑法全体の目的を考慮する目的論的解釈によって類推の範囲を合理的に定めることが必要だとされている。(1)

では、戦後はどうであろうか。「刑法解釈の本質」(昭二五)が木村博士の戦後におけるこの問題へのアプローチを示したものである。そこでは、刑法の解釈が刑法の規範的意味を表現した条文を材料としてその中から理解される客観的な意味を認識することであるとされ、刑法解釈はその指導理念である刑法規範の目的(法益保護という社会的利益と、刑罰権からの保護としての個人的利益の調和)を考慮した目的論的解釈方法でなければならないとされている。文理解釈、論理解釈、比較法的方法も目的論的解釈の補助的手段として位置づけられている。そこで、問題は類推解釈との関連であるが、右の目的論的解釈も刑法の明文の形式的限界をはなれ、これをこえることは絶対許されないという点に刑法解釈の根本要請があることが確認されることによって、これを越えるものが類推解釈として許されないという帰結がみちびき出される。では、目的論的方法により許容される拡張解釈と許されない類推解釈とはどこに区別があるとされたのであろうか。両者は、法規の日常的意味を拡充する解釈方法として同一原理の上に立つものであるとされつつ、両者の区別は法規の明文をこえるか否かにあり、拡張解釈が条文の言葉を形式的限界としてその範囲内にとどまるのに対して、類推解釈は法規の明文をこえ、明文の存在しない領域にまで法律の精神を拡充する場合であるとされている。なお、類推も被告人に不利な方向についてのみ禁止されるべきものだという留保が付せられている。(2)

拡張解釈と類推解釈との限界についての具体的な接点の定め方になお問題があるとしても、類推の肯定から否定への転換が行われたことはたしかである。しかし、旧説を改めるという簡単なコメントはついているが、転換の実質的理由は強調されず、新憲法三一条がこれを要求しているというのがその理由とされているにすぎないように思われる。上述した世界観の相違との関連でいえば、団体主義から個人主義への転換が必然的な帰結と考えられるが、この点はなお不明確であり、具体的な例を見ても、類推の疑いのもたれた判例のケースはほとんどすべて単なる拡張解釈として許容されているのである。そして以上のような論旨はほとんどそのまま「刑法総論」の刑法解釈学の対象と方法の部分にも踏襲されている。(3)

(1) 木村「刑法に於ける類推」法学志林三八巻二号、昭一一、『刑法解釈学の諸問題』有斐閣昭一四、五九頁以下参照。この論文の結語のところで、木村博士は、類推解釈をみとめるかまたはこれを否定するかは、団体主義的世界観に立つか、個人主義的世界観に立つかによって決定されるとされたのち、今日では個人主義はいかなる意味においてもすでに過去のものに属するとし、団体主義的世界観の結論として類推解釈は是認されるべきものであると明言されている。

(2) 木村「刑法解釈の本質」法学一四巻一号、昭二五、一頁以下参照。刑法解釈の基準となるべき刑法の目的は、ここでも社会と個人の調和という点に求められている。したがって、刑法における「厳格解釈」という方向は個人の利益にかたよるという理由で拒否されることになる。しかしそれでは、団体主義と個人主義の相違はどこに見出されるのであろうかという疑問が生じる。それは、バランスの若干の異同にとどまるのであろうか。それとも思想上の質的変革があったのであろうか。ただし、本論文にも援用されているが、木村博士が、すでに戦前から、毀棄罪の「毀棄」の意味について、これを広く効用の毀損と解する通説・判例に反対して、物理的な作用に限るとして狭く解釈されていたのが注目されるところである。なお、戦後間もない時期の論文でも、法規にもとづき、目的および法律全体の精神にてらして合理的な解釈といいうる場合には、たとえ類推が用いられていてもそれは法律の適正な解釈として憲法違反ではないとされていたことを付加しておこう(「新憲法と罪刑法定主義」『新憲法と刑事法』一四八頁)。

(3) 木村『刑法総論』法律学全集四〇巻、一三頁以下参照。拡張解釈と類推解釈の区別は、文言の可能な意味をこえるものかどうかという点に求められているのであるが、木村博士が現実に禁止される類推として例示されるのは、秘密漏示罪の主体の列挙をこえて、その他の者にまで拡げるような場合であって、これまで具体的に争われてきた判例は、電気窃盗もガソリンカーの事件も含めて、すべて単なる拡張解釈にすぎないとされ、何らの疑問もとどめられていないのである。転換の宣言は単にノミナルなものにすぎなかったのであろうか。それとも、わが国では戦前から一貫して罪刑法定主義が遵守され、その濫用はなかったということなのであろうか。

七　結　語

木村博士の刑法学方法論の理解も決して単純ではないといえよう。木村博士は牧野博士とともに、わが国における新派主観主義の代表的論客の一人であるが、牧野博士の単なるエピゴーネンではなく、異なった独自性と特色をそこに見ることができる。

まず、牧野博士との共通性についてはあらためて触れるまでもないであろう。そのときどきの刑法思潮の動きにきわめて敏感に対応され、これを受容する柔軟な姿勢を示されたが、主観主義と教育刑という基本観念は一貫して維持されたように思われる。

しかし、方法論にかかわる基本的問題についての木村博士の論述をあとづけてみると、戦前の初期と末期、そして戦後における展開にはかなりの変化が見られることに気がつく。それは木村博士の刑法学がそれだけ時代の変化に敏感だったことの反映であるといってよいであろう。戦前についてはとくにナチス刑法との対応が、戦後は新憲法下での民主革命へのアプローチがその変化を特徴づけるものとなっているのである。

なお、最後に指摘しておかなければならないのは、とくに初期の著作（昭和初期）の中に社会矛盾の鋭い指摘と社会改革へのかなり積極的な姿勢が見られたという点であり、この点が団体主義・全体主義によってあいまいにされたあと、戦後の変革の中で、どのように、またどこまで再生されたかという点が検討されるべき課題であると考えられる。しかし実際には、目的的行為論と主観主義との結合という犯罪論上の課題が晩年の木村博士の中心的課題とされることによって、教育刑論をはじめとする刑事政策への実践的対応が後方に退かざるをえなかったように思われる。目的的行為論は果たして実践的に何をもたらしたのかという点が、木村博士の刑法学との関連においても再検討を要するといわねばならないであろう。

第3章　小野博士の刑法思想

一　序

小野清一郎博士は、わが国における旧派陣営の代表的論客の一人として知られている。牧野博士の新派刑法学に対抗するものとして、すでに明治末期から大正期にかけて大場茂馬博士の客観主義・応報刑論があったが、昭和期において学派論争を発展させた旧派の論者として瀧川博士とともに小野博士の名を逸することはできない。しかも、その今日的意義は、その後東京大学を中心に形成された団藤、福田、大塚という有力な学説の系譜が基本的に小野博士に由来すると考えられることからも重要であるといえよう。

以下では、小野博士の刑法学の方法論にかかわる基本的な問題について若干の考察を試みるが、ここでも問題の射程とその深さに比べて、叙述に本質的な限界がつきまとうことをおそれなければならない。とくに、小野博士の基本思想の重要な中核を占める仏教教理を内在的に理解することはきわめて困難であることをみとめなければならない。

以下ではまず、小野博士の基本的立場の変遷を概観したあと、これまでの分析にならって、応報刑論、客観主義論、罪刑法定主義論、解釈方法論の順序にその特色を明らかにして行くことにしたい。(1)

(1) 小野博士の刑法学説の基本的立場については、佐伯＝小林「刑法学史」日本近代法発達史講座一一巻、二七二頁以下参照。小野博士の生活と意見については、「小野清一郎氏に聞く」法学セミナー二二巻四・五号、一九七七年四・五月号参照。

二　基本思想とその変遷

小野博士は自らの基本的立場を昭和一七年の時点で次のように自己評価されていた。「小野の基本的立場は、刑法における政策、即ち目的合理性の上に道義的価値合理性としての応報の理念を認め、其の理念を中心として国家共同体における文化的秩序の強力的保障としての刑法の理論的展開を考えようとするにある。其の解釈理論的構成に於てドイツのベーリング及びエム・エ・マイエルに学ぶところが多い[1]」。その思想は、仏教教理にドイツ西南学派の文化哲学を交えたもので、それが刑法理論にもあらわれていると評されたのである[2]。

小野博士は、この書物（『刑罰の本質について・その他』昭三〇）の序文の中で、その根本思想が年代的に昭和初年にさかのぼるものであるとのべておられる。そこで、小野博士の刑法思想形成の出発点と初期の状況を見ておかなければならない。

小野博士の初期の業績の中では、刑法における「正義」という問題への関心が目立ってあらわれている。一つは、ハイムベルガーの所説への批判という形で展開されているが、そこでは、必要が正義の母であるとし、国家および国民の保護の必要の限度をこえる刑罰が不正義であるとするハイムベルガーの正義概念を批判して、正義は応報とも必要とも同一ではなく、純粋な正義は深い直観と体験に由来する窮極理念でなければならないと主張されている[3]。今一つはグスタフ・リューメリンの所説への批判という形で展開されているが、そこでも、法律の目的が応報的正義というような抽象的目標にではなく、社会の必要という実際的目的に応ずるところにあるとし、法律の形式主義は実質的正義とは一致しえないとするリューメリンの考え方を批判して、法律の目的を定立するにはその目的を正当たらしむる、より高次の目的がなければならず、それは結局経験的要素をこえた純粋の正義にいたりつかねばならないとされるのである。(4)

小野博士の刑法教科書は各論（昭和三年）、総論（昭和七年）の順に初版が出ているが、その当時、刑法理論の基底をなす一般正義観および国家観が次のように把握されていたのが注目される。「従来の応報論者なるものは国家の威力による秩序の維持を絶対化する国家絶対主義に立脚するものが多い。この思想は刑罰の威嚇的一般予防の機能を基本とする。此は私の採らざるところである。之に反して目的刑論は市民社会の保安の目的を計画的に遂行せんとするものであって、根本的に個人主義的・自由主義的正義観に基くものであり、唯其の合目的性及び計画性のために危険なる階級に属する個人の自由を或る程度まで制限せんとするものである。私は此の正義観念に対しても亦根本的に疑いを懐くものであって、私は国家の組織又は市民社会の利益以上に、文化のために本質的に結合され、精神的に協力する共同社会を理想とし、其の理想の下に、現実の国民的共同社会に於ける正義を考へようとする、いはば文化主義的正義観に住するものである。(5)」ここでも応報と目的を総合する高次の文化的立場が志向されているが、法律刑と正義による応報の観念によって、形式的な法律による客観的拘束と実質的な道義的責任による制限が主張されていたことに注目しなければならない。そしてこの点は、より明確な形でイデオロギー論として展開され、そこでは、現実の国家は経済的、文化的勢力関係を反映するひとつの支配社会であって、これを理想的な文化的共同社会と同一視しようとする国家絶対主義に対して、「個人の自由、否被支配階級の自由が見失はれてはならぬ」と明言されていたのである。(6)

しかし、その後の状況変化、とくに外部的にはナチスの影響、内部的には日本自体の全体主義的傾斜の中で、小野博士の基本思想にも変化があらわれる。それは結論的には、「日本法理の自覚的展開」を基軸とする従来の考え方の総合と集大成の過程であったといってよいであろう。そこでは、「法は全体として国家的道義の実現であらねばならぬ」とか、「凡そ法の本質は人倫世界の事理、即ち倫理であり道義である」といった命題が正面から主張され、日本刑法は日本法理を根柢としてその上に存るべきものであって、日本法理とは日本国家の事理、道理として、万世一系の天皇制国体と歴史と民族に内在する事理をはなれてはありえないとされたのである。この日本法理の立場からすれば、従来の刑法理論の対立のうち、絶対主義・相対主義という如き分別に固執すること自体が日本的でなく、応報主義・目的主義という論争も西洋の形式論理的な分裂的思考の産物として批判され、客観主義・主観主義の対立も日本法理において止揚されなければならないという形で処理されてしまうのである。(7)すべてが日本的道義の維持発展という観点によって統一的に説明される手法は見事であるといってよいが、初期の基本思想との関連で重要だと思われるのは、個人主義、自由主義の観点が背後に退いていることとともに、日本的道義が国家の法秩序一般と同一視される傾向が見られるという点である。この点は、「仮案」に対する小野博士の批判が、処罰範囲の拡大や刑の加重といった点ではなく、実証主義、唯物論的思想の流入によって日本的道義（淳風美俗）があやうくなることへのきびしい反撥にあったことからもうかがい知ることができるであろう。(8)

さて、最後に戦後の変遷が問題とされなければならない。しかしこの点では、戦前の到達点が戦後どのような変化をうけたのか必ずしも明らかではないように思われる。刑法教科書の戦後新訂版にも日本法理の自覚がそのまま援用され、日本的な国家的道義とそれにもとづく日本的刑事政策の推進が主張されているところから見ると、むしろ基本思想に目立った変化はなかったといってもよいであろう。(9) そしてその後の著作では、罪刑法定主義の再認識や責任主義の強調など古典主義への一般的な傾斜傾向が見られるとして自説の補強がこころみられているのである。(10)

（1） 小野「刑法学小史」、『刑罰の本質について・その他』昭三〇、四二一頁。
（2） 佐伯＝小林・上掲二七二頁参照。

(3) 小野「刑法に於ける正義」法学志林二七巻一号三〇頁以下、大一四参照。すでにこの初期の論文において、経験的・功利的必要をこえた内面的な倫理的必要が窮極理念として語られており、そのような意味での正義は絶対空なるものであるとされている。なお、現代刑法を指導すべき観念は、威嚇でも応報でもなく、人格的改善と社会的危険の予防の二つであるとされていたのが注目されるところである。

(4) 小野「正義及び法律感情について」国家学会雑誌三九巻五・六号、大一四参照。小野博士はすでにこの時期から、純粋の正義を志向することによって法律が倫理的基礎を獲得しうるとして、ギールケを援用する一方、正義のいきいきした体験に根ざす哲学的精神こそが自由法論の真髄であり、また最近の社会主義的思想の中にも正義の実践的精神が含まれているといわれていたのである。

(5) 小野『刑法講義総論』昭七、一五―一六頁。この引用文の個所は、戦後の新訂版(昭二三)には存在せず、それにつづく部分も大幅に書き改められている。この両者を比較することによって、小野博士の基本思想の変遷を知ることができるであろう。

(6) 小野「刑法総則草案に於ける未遂犯及び不能犯」法学協会五十周年記念論文集、昭八、『犯罪構成要件の理論』所収、三〇七頁参照。これは、未遂および共犯論における主観説のイデオロギー的根拠を批判した注目すべき文献である。当時、小野博士は、「階級的対立のしかく顕著なる現代において、此の自由主義的原理の妥当する範囲も亦著しく拡まりつつある」という認識に立っておられたのである。

(7) 小野「日本刑法学序説」昭一六、『日本法理の自覚的展開』所収、一八五頁以下参照。小野博士によれば、日本の刑法思想はかつてから一貫して道義的なものであり、それは深く民族精神に刻みこまれているとし、仏教の罪業意識、因果応報の観念がこれに関係するといわれている。しかし一方、ナチス刑法思想に対しては、それが個人主義、唯物主義を越え、意思刑法の名の下に道義的責任を重んずる点を評価されつつも、広く犯罪的企行を処罰しようとするのは、行きすぎた権威主義として排斥すべきだとされているのが注目される（同一九三頁）。なお、ナチス刑法思想との対応に関しては、小野「ナチス刑法学の一体系」法協五二巻一二号、昭九、『法学評論上』昭一三、所収、同「イタリア及びドイツに於ける行刑政策とその批判」国家学会雑誌五一巻一二号、昭和一二、『刑罰の本質について・その他』昭三〇、所収、参照。

(8) 小野「刑法に於ける道義と政策」昭一五、『日本法理の自覚的展開』所収、参照。小野博士によれば、当時の刑法改正思想における対抗軸は、淳風美俗論と社会防衛論との間に存在したものとされているが、フェリー草案やソ連の刑法を援用して、浸潤してくる社会民主主義、共産主義に対する民族的反動が、国民的道義にもとづく淳風美俗論として社会防衛論への徹底を阻止したのだと評価されているのが注目されるのである。そして、道義的共同体としての国家の自覚が強調されることによって、民族共同体的論理を強調するナチスの刑法思想との関連がでてくるのである。なお、ナチスの全体主義的思想は、その応報主義的傾向が旧派を力づけ、その主観主義的傾向が新派的に援用されるという形で、両派ともに影響を与えたものといわれているのが注目される。小野『日本法理の自覚的展開』昭一七、一〇五頁参照。

(9) ただし、敗戦によって、日本社会が思想的、世界観的に今までの国家主義、全体主義的なものの優越から民主主義、自由主義、結局個人主義的なものの優越へと推移しつつあるとし、新憲法の制定実施が法のあらゆる領域において深刻な変化を必然的ならしめていることはみとめられている。しかし同時に、それにもかかわらず、歴史にはどんな飛躍があってもやはり連続したものであり、明治以来の、遠くは大宝養老以来の法律文化の意義は失われてはならないとし、歴史的、文化的な実体的論理は、新憲法という一つの立法によって決定されてしまうようなものではないと結論づけられているのである。『新訂刑法講義総論』昭二三、三七―八頁参照。なお、セミナーのインタビューによれば、小野博士は、かつての日本法理などの著書について、今でも全面的に撤回するつもりはないと語っておられる様子である。法学セミナ―二三巻五号七四頁参照―一九七七年五月号。

(10) 小野「刑法の基礎理論について」愛知学院法学研究五巻一・二号、昭三八、『刑法と法哲学』昭四六、所収、参照。これらの点は、戦後の刑法改正作業の中で論議されたところであるが、そこでは、刑事政策の道義的基礎という問題よりも、責任主義の理解の仕方、とくにいわゆる積極的責任主義と消極的責任主義の対立が争われたのである。草案がなぜ国家主義的なものとして批判されたのかという点に、憲法の変化を前提とした歴史的な問題性があるように思われる。平場＝平野『刑法改正』昭四七、参照。

三　応報刑論

小野博士は典型的な応報刑論者として知られているが、刑罰の本質に対する考え方はその初期から一貫して変わっていないということができる。最初にその主張の中心部分を示すとすれば、それは次のように要約されるであろう。「刑法の普遍的な歴史的現実に立脚して、それにおける刑法の論理的構造を省察するのに、その中核はやはり応報の観念である。それは復讐心ではない。人間の深い道義的要求であり、それが制度の本質、形相、理念である。刑罰とは反道義的行為としての犯罪を理由として道義的責任ある行為者に対して科せられる法律的制裁であり、その内容は国家に依る法益の剥奪、すなわち害悪である。その意味で道義的・国家的な応報であるといへる。とはいへ刑法は応報そのものを目的とするのではない。それによって国家の道義的秩序を維持し、公共の福祉を促進しようとするのである。即ち其は道義的な懲粛である。刑事に関する立法及び司法の実践はこの基本的論理を否定することを得ない。社会的保全と犯人の教育とはこの基本的論理の下に、道義そのものの要請として、考へられる刑罰の目的に外ならない(1)」。

さて、以上の叙述の中に含れる問題としては、まず第一に、応報と復讐の関係がある。小野博士によれば、応報の観念は人間の深い道義的要求であって復讐心ではないとされる。道義的応報とは、社会の成員たる人格者をその行為の価値に応じて取り扱う精神的要請であって、単なる物的対等主義ではないとされるのである。そしてそこから、復讐に由来するタリオの同害報復観念が国家的・公法的観念によって止揚される歴史的発展が普遍的な歴史的現実として措定されることになる。それは一般的正義による基礎づけを意味するが（応報的正義）、しかしそのことによって、私法的・個人主義的正義観から超個人主義的・国家主義的正義観への移行が正当化されて行くという側面が存在することに注目しなければならない(2)。

次に問題となるのは、刑罰の本質と目的との関係である。応報そのものは刑の目的ではなく、それによって国民の道義的秩序を維持し公共の福祉を促進するものだとされる。刑罰の応報は何よりも国家的法秩序を維持しようとするものであるが、国家的法秩序の根本は道義であるとされることによって、人倫的文化秩序、道義秩序の維持、形成、発展がその目的となる。したがって、刑罰の有する文化的意義は、単に社会の有形的な物質的利益の保護や社会秩序の防衛にとどまらず、社会生活に内在する文化的精神を維持し実現しようとする理念的意義を有するものとされるのである。刑罰は民族の道義意識を永遠にわたって陶冶するものだとさえいわれ、客観的な道義秩序という刑罰目的自体が道義そのものの要請として刑罰の本質に深くかかわるものと解されているといってよいであろう。そしてここでも、日本法理によって応報と予防が二律背反ではなく、和の共同体的道義において止揚され綜合されるべきものとなるのである(3)。

では、このような立場から、より具体的に一般予防および特別予防の目的はいかに把握されるのであろうか。まず一般予防については、物質的な威嚇に流れてはならぬとされたのち、刑の執行が道義的意識の覚醒による国民的共同社会の道義秩序の維持にあることを明らかにしなければならぬといわれる。しかし同時に、刑事的干渉の程度をこえて不当に国民の人格的自由を侵してはならないとされているのが注目される。一方、特別予防については、単なる危険性や悪性の改善や排害にとどまるものでなく、受刑者の人格に道義的観念を自覚させ、その道徳的性格を完成させることを助けるものでなければならないことが強調される。そして、リストのいわゆる「市民的な、必ずしも道義的であることを要しない改善」からさらに一歩を進めて、国家的共同体における倫理の主体としての人格の完成を最終目標としなければならないとされるのである。

一般予防・特別予防ともに国家的道義的観念が支配しなければならないとすれば、一般予防においては刑事的干渉の必要性の程度の限界づけが、特別予防においては改善効果の判断が不明瞭になり、刑事的干渉の全面的で積極的な肥大化と無限定な絶対化をもたらさざるをえないように思われるのである。(4)

(1) 小野『新訂刑法講義総論』昭二三、一二―三頁。この部分を初版(昭七)の対応部分と比較してみると、叙述が全体としてくわしくなっているだけでなく、とくに反道義的行為としての犯罪、人間の深い道義的要求、道義的・国家的応報、国民の道義的秩序の維持など、いわゆる道義的性格づけの強調のいちじるしいのが特徴的であるということができる。ただし、応報刑論の基調そのものは変わっていない。

(2) この点で小野博士は、公刑罰の観念から、応報が国家公共の秩序のための応報であり、それは超個人主義的、国家主義的正義観を基底とするものであることを明言されている。そして、罪刑法定主義的な制限を過重視したり、刑法の形式的体系化における私法的方法に固執したりすることは、一九世紀の自由主義的な時代思潮の残滓だとさえいわれていたのである。そこには、日本の歴史には西洋のそれのような復讐に由来するタリオ的、賠償的、私法的な観念がほとんどなく、古代においてすでに純然たる国家的、公法的な刑法であったとする日本法理の思想が存在していたということができる。

なお、初期の著作にも応報刑の思想が見られるが、そこではむしろ刑罰に正しい限界を画するために正義による応報の観念が主張されていたように思われる。自由意思を幻想として放棄する実証主義の理論は、処罰の限界を不当に拡張するおそれがあるとされていたのである。それとともに、ハイムベルガーやグスタフ・リューメリンが主張したような刑罰の必要性ないし一般的福祉という形での社会功利主義の法律観に小野博士がどうしてもしたがいえないとされたのは、正義の内面的直観を志向する仏教的な応報観念によるのではないかと思われる。

(3) 小野『新訂刑法講義総論』昭二三、一四頁以下参照。この点でも、初版（昭七）の対応部分では、刑罰の目的が有形的な物質的利益の保護をこえるものであり、国民一般の正義および道義意識に訴えることによって精神文化的任務を完うすべきものとされてはいたが、その目的は「社会生活及び文化を維持する」ことにおかれ、国家的道義や人倫秩序の維持という点の強調は見られない。両者の相違と変化の方向は、刑罰目的、したがって保護法益の抽象化、一般化、精神化、絶対化への傾斜であるといってよいであろう。個々の「利益」ではなく、公序良俗が、そして淳風美俗が、そして国家的道義秩序が刑罰目的として上位に格づけされて行くのである。この点は、刑法各則の体系についての小野博士の見解の変遷についてもあらわれているといえよう。初期には法益による三分類が通説的に語られていたが（小野「刑法各論の対象及び方法に就て」法学志林二八巻三号、大一三、『法学評論上』昭一三所収）、のちには、国家・社会・個人の順序が当然とされ、「利益」などというのはいかにも唯物的な考え方ではないかと非難されているのである（小野「刑法に於ける道義と政策」昭一五、『日本法理の自覚的展開』昭一七所収）。

（4）小野『新訂刑法講義総論』昭二三、二〇―二一頁参照。この部分は、初版（昭七）の叙述とほとんどかわっていない。しかしこまかく見れば、ここでも、刑罰の限界づけよりも、むしろその道義的根拠の闡明により力点がおかれてきているように思われる。新派の予防的主観主義に対する批判も、無用に処罰の限界を拡張するという理由のほかに、とくにそれが刑法の道義的根底を失わしめるという点が書き加えられているのである。このような見解は、今日「積極的責任主義」として批判されている典型的な考え方にほかならない。

四　客観主義論

さて次に、犯罪論の分野における小野博士の基本的な立場を見ておかなければならない。これを博士は犯罪の法理的本質とよんでおられるが、それが客観主義といわれる所以とその根拠・内容がここでの問題の中心である。

まず、その主張の関連部分を要約すれば次のようになる。刑法の本質を応報的正義の観念に求め、刑罰の理念として国民的道義の維持・形成を窮極の目的とする立場からは、犯罪は国家的に危険な行為であるばかりでなく、実に国民的道義において許すべからざる行為、すなわち反道義的、反文化的行為である。この立場においては、客観化された行為全体の評価が重んぜられる。行為は主観的・客観的なものであって、単なる物理的過程でないことはもちろんであるが、また単に主観的、心理的なものではなく、その外部的実現において刑法的評価の対象を見出すのである。その意味で行為刑法であり、また客観主義である。ただしこの立場は本来道義的な立場であり、したがってその道義的責任の観念はいわゆる主観主義者以上に行為者の人格的主観を考慮する。しかし、刑事責任はもともと客観的な国民的道義における責任であって、単に主観的、人格的なものではない。刑は道義的文化のためやむことをえずして行なう強力手段として、おのずからその限界を有しなければならない。刑罰的干渉の範囲を主観的徴表によって過度に拡大することは日本の道義的精神に反するのであって、そこに客観主義の意義がある。(1)

さて、ここにも多くの本質的問題が存在する。まず第一に、犯罪を反道義的行為とし、道徳と法とが一つの倫理の二つの現象形式であるとされる場合に、法と道徳、したがって犯罪とそれ以外の反道義的行為との区別と限界づけが問題となる。この点について、小野博士は、法の立場が純粋な道徳の立場とはやはりちがうとされ、ことに近代の個人的自由を重んずる自由主義思想の下では、純粋に内部的主観的なものに対して法律的制裁を加えるごときは忍び難いことであるとし、その意味で客観主義が基調をなすべきだといわれている。(2) 他の個所ではまた、刑法は、個人相互間の倫理的軌範が甚だしく侵犯され、国家としてこれを放置しておくことができないような重大な反道義的行為だけを犯罪として処罰するものだともされている。(3) 外部的にあらわれた行為による客観的制約は守られているといってよいが、行為の反道義性の程度がモラリズムに依存するという点に問題があるといえよう。(4)

そこで、次に問題となるのは、客観主義の観点からする違法と責任の内実およびその関係である。小野博士によれば、従来の客観主義は、犯罪したがって違法の本質を法益の侵害または危険という形で対象的、客体的に見る自然主義の立場にとらわれていたが、これを脱却して規範主義的観点から精神科学、文化科学的にこれを把握しなければならないといわれる。それは犯罪を倫理的に観察するという方向であって、違法の実質は客観的な道義違反として、社会的有害性や公序良俗違反というよりも、むしろ「国家的条理」ないし「文化軌範」違反(エム・エ・マイヤー)を意味するという。それは倫理的違法性論とよばれるが、その実体の不明確さを別とすれば(歴史文化的な自然法としての「業《ごう》」)、いわゆる客観的違法論の原則は守られており、行為者の主観に関係なく違法性の判断が可能だとされている。違法性と責任は二重の倫理的判断であって、前者が一般的な反道義の判断であるのに対して、後者が行為者の具体的主観に関係する反道義の判断であるとされる。一方、責任の核心が道義的なものであり、規範的な非難可能性であることは当然だとして、責任主義の貫徹が主張されるのであるが、ここでもさらに実証主義、自然主義、自由主義にもとづく主観主義的倫理思想を克服して、人倫的道義による客観的責任にまでいたらなければならないとされるのである。それは社会的責任論をも包摂する超越的客観主義的な倫理の立場だとされるのであるが、その実体は今ひとつ明らかでないように思われる。(5)

日本法理による到達点によれば、物質的侵害に固執する自由主義的な客観主義を止揚し、個人的危険性に執着する社会主義的な主観主義を止揚して、日本的な、和の共同体的な道義を基本とする客観・主観主義にまで高めなければならないとされたのであるが、それが果たしてより高次の客観主義といえるのかどうか、それ自体歴史的な再検討の必要にさらされているように思われるのである。

(1) 小野『新訂刑法講義総論』昭二三、八〇—八三頁参照。この叙述の部分は初版(昭七)には存在しないが、そこでは、犯罪は国家的道義違反としてではなく、むしろ反文化的行為としてとらえられていた。特別に行為主義、客観主義に言及したところは見出し難いが、形式的な法律による客観的拘束ないし限界づけの必要性が語られていた点が注目されるのである。この点との関連で、刑法理論との直接のかかわりはさけるとしながらも、犯罪構成要件の研究がすでに昭和三年に開始されており(「構成要件充足の理論」

松波還暦論文集所収)、その延長線上に、すでに指摘したように、とくに未遂犯において主観説と客観説のイデオロギー的基礎が語られる中で「自由主義的に方針づけられた客観主義」への評価が見られる点に注目しなければならない(「刑法総則草案における未遂犯及び不能犯」法学協会五十周年記念論文集、昭八、所収)。

(2) 小野「犯罪の本質について」法学新報五八巻一二号、昭二六、『刑罰の本質について・その他』昭三〇、所収、三九頁参照。この論文ではまた、刑法における人間観について、旧派のそれが抽象的な自由意思の主体としてのアトム的人間観、新派のそれが人間を因果法則の支配によって割り切ろうとする機械論的自然主義の人間観であるのに対して、これを仏教的人間観によってより深めるべきであるとされているのが注目される(同四〇頁参照)。

(3) 小野「倫理学としての刑法学」法律タイムズ四巻七号、昭二五、『刑罰の本質について・その他』六二頁参照。この論文では、従来の旧派と新派がいずれも自然主義にとどまったと批判し、これを倫理学的観点の導入によって、精神科学的、文化科学的に再構成しなければならないとされており、客観主義と主観主義の対立はむしろ後方にしりぞけられているように思われる。

(4) 現に小野博士自身、この立場においても、国民的道義に対する刑法的干渉の範囲を拡大しようとする権威主義的傾向が強まるときは、ナチスの「意思刑法」のように主観主義の極端なものになる可能性があるといわれている(『新訂刑法講義総論』昭二三、八一—二頁参照)。しかし、国家自体が一つの人倫として、人倫的秩序の維持を任務とするものであり、私生活の倫理、社会的倫理の上に国家的倫理が位する人倫の体系が超個人的な共同体道義として措定されるとすれば、どこに権威主義的な国家主義への歯止めが見出されるのであろうか。

（5） 違法性の本質と客観的違法論については、小野「倫理学としての刑法学」『刑罰の本質について・その他』六六頁以下参照。ここでは、違法性の実質を社会有害性とする考え方（リスト）が社会功利主義の立場として批判されていること、客観的違法論であるが、自然現象や動物による侵害は、倫理的でないから違法判断の対象となりえないこと、ある行為が一つの関係からは合法であっても他の関係からは違法であるという場合もありうるとして、違法の相対性がみとめられていること、などの点が注目される。一方、責任論の本質については、小野「道義的責任について」『刑罰の本質について・その他』七九頁以下参照。そこでは、違法性の意識こそが故意と過失を分つ分水嶺であることが主張されていることのほか、主観主義の超克として、道義的責任論と社会的責任論の総合が目ざされているのが注目される。しかし、責任の客観化によって高次の客観主義が得られるとするのは問題であるといわざるをえない。本来、客観主義とは、違法を客観的に責任を主観的に考える立場であったはずだからである。

五 罪刑法定主義論

次に、罪刑法定主義の原則に対する小野博士の基本的立場を見ておかなければならない。

刑法講義の初版（昭七）では、罪刑法定主義に関する叙述はきわめて簡単であって、旧憲法二三条が罪刑法定主義の原則を宣言したものと解されるが、その内容は刑法の形式的淵源が立法（成文法）に限られること、立法の形式は法律でなければならないこと（ただし委任命令を含む）にあるとされるのみであった。[1]

小野博士の犯罪構成要件論の研究は罪刑法定主義の原則の上に立脚するように見えるが、実際には必ずしも直接の関連はなく、主としては犯罪体系論上の問題意識から出発したものだといってよいように思われる。昭和三年当時の見解としても、罪刑法定主義はすでに当初の重要性を失い、その派生原則の妥当性が疑われつつあるとの認識が表明されていたのである。[2]

ついで、旧刑法の罪刑法定主義規定を論じた論稿では、西洋の罪刑法定主義原則が個人的自由の保障に偏倚して社会保全に欠け、とくに刑法の解釈を制限することによって法律的形式主義に堕する弊害があるとし、むしろ罪刑法定の要請のみで類推も遡及もみとめる日本法の超個人主義的な刑法思想の伝統を再評価すべきであるとまでいわれている。そこには明らかに日本法理の影響を見ることができるのである。[3]

しかし、戦後の新訂版刑法講義（昭二三）では、ソ連やナチス・ドイツにおける罪刑法定主義の解消に触れた後、罪刑法定主義の文化的意義は一九世紀自由主義思想をこえるものであり、新憲法の徹底した自由主義思想からも罪刑法定主義はさらにその意義を新たにするであろうとのべられている。ただしここでも、その意味は成文法による罪刑法定に限定され、自由主義的な罪刑法定主義は解消してよいが、その文化的意義は日本法理の裡に止揚されて存在しなけれ

ばならないといわれている限り、きわめて不徹底だといわざるをえないように思われる。(4)

その後の論文では「罪刑法定主義の再認識」という表現が用いられているが、そこでも罪刑法定主義の内容の積極的な展開は見られないままにおわっている。一九世紀初頭におけるような形式主義におちいってはならないとされるのであるが、そのような批判から罪刑法定主義が緩和と解消に向かったことを念頭におくならば、再認識されるべき罪刑法定主義の具体的内容とその方向性をこそ追求しなければならないように思われるのである。(5)

罪刑法定主義の重要な派生原則の一つである類推解釈の問題については、まとめて次節で触れることにする。

(1) 小野『刑法講義総論』昭七、二八頁以下参照。そこでは、刑法解釈との関係で、罪刑法定主義がその赤裸々な意味において必ずしも法律解釈の自由を制限すべきことを意味するものではないとして、牧野博士の見解が援用されている。

(2) 小野「構成要件充足の理論」松波還暦論文集、昭三、『犯罪構成要件論』昭二八、二一六—七頁参照。もっとも後には、構成要件の理論が基本的にまさに古典的な罪刑法定主義をその根拠とするものであるとのべられている(「わが道・刑法学」『刑法と法哲学』昭四六、四六九頁)。

(3) 小野「旧刑法とボアソナードの刑法学」杉山教授還暦論文集、昭一七、『刑罰の本質について・その他』四三四頁以下参照。ここでも、牧野博士の「罪刑法定主義と犯罪徴表説」が無条件に援用されている。

(4) 小野『新訂刑法講義総論』昭二三、四八頁以下参照。この叙述からは、日本法理の裡に止揚された罪刑法定主義と、徹底した自由主義思想に立つとされる新憲法三一条とがどのようにして結合されるのか全く不明である。小野博士は、古代の律における類推が明らかな事理にもとづいたものであったとされ、ことは現在でも同様でなければならないといわれる。それは、憲法の変化によっても影響をうけない自然法的な道義的事理なのであろうか。そしてこの点との関連で、かつて、ゴールドシュミットが罪刑法定主義を国法上の見地から生じた偶然の要求だとしたのをうけて、小野博士もこれをヨーロッパ大陸における啓蒙期以後の特殊な国法的思想に胚胎する原則にすぎないものとして評価されていたのが想起されるべきであろう（『犯罪構成要件の理論』二二六頁参照）。

（5） 小野「刑法の基礎理論について」愛知学院大学法学研究、五巻一・二号、昭三八、『刑法と法哲学』昭四六、一九七頁以下参照。なおここでは、罪刑法定主義の緩和と解消を主張し実践したのが近代派であって、古典派はこれを守ってきたかのように書かれているが、これは事実に反するのであって、わが国の古典派はほとんどがその緩和を容認し手をかしてきたといわなければならない。一九世紀の自由主義と形式主義は両派からともに攻撃されたのである。また、目的思想や実証主義が容易に集団主義に転回し、全体主義・独裁制におもむく思想的可能性があるとされているが、この点でも、旧派応報刑思想もまた容易に国家主義、権威主義にいたりつく思想的可能性があったことを付加しておかなければならないであろう。

六　刑法解釈の方法論

次に刑法解釈の方法をめぐる小野博士の見解を問題としなければならない。

時代的に見ると、まず刑法講義の初版（昭六）の叙述が問題となるが、すでにそれ以前の構成要件に関する最初の論文（昭三）の中に、解釈方法に関する簡単な論述を見ることができる。それによると、構成要件の内容は個々の刑罰法規の解釈によって決定されるのであるが、その際、一方では実証的な立法規定の中に特殊的に構成された法律的概念が前提されるとともに、他方では刑法理論および刑事政策的利益較量による利益保護の精神およびその必要限度が考慮されなければならぬものとされていた。つまり、一方では構成要件の特殊内容を超越した古い形式の自然法論が否定されるとともに、他方では「自然的語義」または単純な「生活上の用語例」にとどまる法律実証主義もとらないというのである。この出発点の考え方は、その後もほぼ一貫して維持されたものと見てよいが、とくにここでは、罪刑法定主義が従来誇張された意味で刑法における解釈の自由を束縛したが、それは今日必ずしも妥当しないとして牧野博士を援用されていた点が注目されるのである。(1)

ついで、上記の刑法講義初版（昭六）では、法の解釈が分析的および総合的方法による法律の実体的論理の体系的認識にあるとし、その法律学的検討が社会的地盤に関する社会学的認識とその文化的意義の哲学的考察を前提とすべきものとされている。そしてここでも、罪刑法定主義はその赤裸々な意味において必ずしもしかく厳格に法律解釈の自由を制限すべきことを意

味するものではないことがくりかえされている。(2)

小野博士はこのように、罪刑法定主義の下でもその内容は誇張されてはならず、刑法の解釈はかなり自由かつ合理的なものでなければならないとされていた。では民法の解釈と同一かというとそうではないとされる。刑法では法律が唯一の形式的法源でなければならず、「このことは、刑罰が常に個人に対して重大な害悪であり、それ故官吏の専断から個人を保護しなければならないという事実によって理由づけられる。現在市民階級と無産労働階級との間に思想や利害の衝突が存在するだけに、個人自由の保障はとりわけ重要である」とされていたのである。(3)ついで、日本法理の影響の下に法が人倫の事理として把握され、その道義的・倫理的意義が強調されてくると、形式論理や目的論理をこえた人倫世界の生命的・実践的倫理が強調されることになった。刑法解釈の基本となるべきものは、より具体的・現実的な実体論理であり、それは歴史的・民族的な条理、つまりは日本道義であり、日本的道義観念による道義的価値合理性こそが最終の解釈基準たるべきものとされるにいたったのである。(4)

戦後の刑法講義新訂版（昭二三）でもこの基調は基本的には変わっておらず、罪刑法定主義からの要請として刑法解釈の自由の制限がでてくるわけではなく、実証的規定の解釈学的概念構成とともに、社会生活および文化に即した実体論理を現行法の中に如実に認識すべきものとされている。ただしその際、刑罰がそれ自体法益の剥奪を内容とする限り、保護されるべき生活利益との間に権衡を保たなければならないといわれている。(5)

結論的にはしたがって、刑法の解釈は単なる辞句や文理だけでなく、社会法学や自由法論をも考慮して立法の合理的意味を発見しなければならないという帰結にみちびかれるが、その際の基準を追求して行けば、結局「日本における現実社会の要請する道義的事理」にいたりつくことになる。したがってその道義的事理の具体的内容とその変遷をこそ問題としなければならないのである。(6)

(1) 小野「構成要件充足の理論」松波還暦論文集所収、昭三、『犯罪構成要件の理論』昭和二八、二二五頁以下参照。なお、法律解釈の法理学的分析は、その後発表された法律の機能的本質を論じた論文(「法律の機能的本質」春木還暦論文集所収、昭六、『刑法と法哲学』昭四六、三五九頁以下参照)の中で、よりくわしく展開されている。そこでは、法の解釈が、与えられた法律秩序の下において能う限りの正義を与えようとする実践的機能をもつことを自覚しなければならないという点が強調されている。

(2) 小野『刑法講義総論』昭六、三〇―三三頁参照。ここで注目されるのは、刑法の任務が必ずしも一方的に個人の自由のみを保護することにあるのではなく、むしろ刑罰による社会的生活および文化の保護をもって、より高次の目的となすべきであるという指摘であって、社会的利益と個人的利益とをいかに調和すべきかが刑法における永遠の課題であるとされていたのである。

(3) 小野「刑法における法源」昭九、『刑法と法哲学』三八六頁。しかし、実際には、「処罰規定に関しても、一般的利益の観点から絶対に必要なものであり、かつ社会の倫理意識が十分それに熟しているときには、拡張解釈或いは類推を拒むことはできない」という重大な留保が付せられていることに注意しなければならない。具体的には電気窃盗の例があげられている。

（4）小野「日本刑法学序説」昭和一六、『日本法理の自覚的展開』二〇〇―一頁参照。小野博士によれば、牧野博士の自由法論は、形式主義的な実証法学を克服しただけでなく、法律の進化を合理的なものとする実体論理を目ざすものであったとして積極的に評価されている。しかし、自説との相違は、牧野博士の場合に念頭におかれたのが抽象的な進化の法則とヨーロッパにおける「世界の趨勢」にとどまった点にあるとされている。ただしこの段階でもなお、実証学派による目的論的解釈が、ややもすれば事態の必要をこえて処罰の範囲を拡張する傾向をもつとの批判が存在していたのが注目されるのである。しかし、果たして小野博士の場合にも、日本道義の観点からの一般的利益と倫理意識によって、処罰の範囲の限界を画することが可能なのかどうかが問われなければならないであろう。

（5）小野『新訂刑法講義総論』昭二三、四二―四四頁参照。この部分の叙述は、初版（昭六）のそれとほとんどかわっていない。その相違としては、刑の目的が文化の保護から道義の維持にかわっていること、個人と社会の利益の調和という課題の指摘が姿を消している点ぐらいである。

（6）小野「刑法の基礎理論について」愛知学院大学法学研究五巻一・二号、昭三八、『刑法と法哲学』二〇〇頁参照。ここでも、しかし、刑法が直接個人の自由を奪う権力作用に関する限り、他の法律に比較して、より厳格な解釈をしなければならないという留保が付されているのが注目される。

なお、刑法学の方法として、刑法解釈学のみならず、刑法史、刑事学などを含む広い方法論的問題があるが、ここでは触れる余裕がない。ただ、刑法史も安易な進化論的見解によるべきではないとして、日本刑法の歴史的発展における精神史的意義が強調され、また刑事学も実証的な自然科学としてではなく、文化科学・精神科学的な理解によって方向づけられているといってよいであろう。小野「刑事学の任務及び方法」社会学雑誌四六号、昭三、「日本刑法学序説」昭一六、『日本法理の自覚的展開』一九三頁以下参照。

七　結　語

以上で小野博士の刑法学方法論にかかわる基本的な問題についての概観的な要約を終わるが、結論にかえて二、三の点を指摘しておくことにする。

第一に、小野博士の基本的な刑法観には時代的な変遷があるにもかかわらず、そこに一貫した不動な立場があると見られるのは、一九世紀的といわれる自然主義と唯物論的な考え方に対する根強い反撥と反情であるといえよう。自由主義の理念もたしかに時代とともに全体主義的思考によって影をうすくして行くが、依然として国家刑罰権からの個人の自由の擁護がなお程度の差はあれ留保されるのは、実証主義からの全体主義が刑法の道義的性格をも押し流してしまうことへの本質的危惧に由来するもののように思われる。刑法の道義的性格を強調することは、道義的な正義による応報の限界づけという点で客観主義的な枠づけにつながると考えられたのである。

しかし反面、それは自然的・分析的な合理主義の枠をこえて規範主義的な価値論の優位を生み出し、そこに日本法理が導入されることによって、全体・直観的で非合理的なモラリズム（刑法の倫理化）の方向にいたらざるをえなかったということができよう。矛盾と対立はたしかに理論上は日本法理によって総合され止揚されたかに見えたが、現実には敗戦による瓦壊と価値観の対立・分解が現出せざるをえなかったのである。

小野博士の刑法思想が戦後も基本的な変化を蒙っていないことは、その確信の強さとともに一つの見識をあらわすものといえようが、重要な問題として逸することのできないのは、博士の国家観における変遷であるように思われる。あえていうならば、初期には理想（文化と正義）と現実（国家刑罰権の適用）とが慎重に区別されていたのが、のちにはこの留保があいまいになり、人倫と道義が国家的道義となり国家的秩序と同一視される傾向が生じたことはいなみがたいように思われる。そしてその点にこそ、真の問題性があるように思われるのである。

第4章　瀧川博士の刑法思想

一　序

瀧川幸辰博士が、すでに戦前の大正・昭和期から、牧野・木村両博士の新派主観主義刑法に対抗して、ほぼ同じ世代の小野博士とともに、わが国における旧派客観主義の陣営に属する代表的論客として活躍されたことは、すでに周知のところである。しかし、同じく客観主義・応報刑論といっても、後述するように、小野博士の見解とはかなり基本的な点で相違するものであることに注意しなければならない。

しかも、瀧川博士の場合には、その刑法思想をあらわした著作が問題となって大学を追われ

（京大事件）、戦後再復帰されるという劇的な歴史的経過を伴っている点にも特殊性があるといってよい。そこでは、刑法理論の社会的な影響が直接的な形であらわれているのである。

以下では、瀧川刑法学の方法論にかかわる基本的な問題について触れる中で、その特色を現代的な課題との関連で明らかにしたいと思う。最初に、基本的思想の歴史的な変遷を概観したあと、これまでと同様な手法で、応報刑論、客観主義論、罪刑法定主義論、解釈方法論などの点について言及することにする。[1]

（1）瀧川博士の刑法学説とその変遷を一般的に概観したものとしては、とくに、木村静子「刑法学者瀧川幸辰先生」法学論叢七二巻四号三頁以下、座談会（平場、木村、竹田、植田、佐伯）「瀧川幸辰先生を偲ぶ」書斉の窓一一〇、一一一号、昭三八、参照。

二　基本思想とその変遷

瀧川博士の刑法思想の時期的な変遷をたどるとすれば、第一は、萌芽期ともいうべき大正時代のいくつかの論文、ついで第二は、最初の体系化された教科書として昭和初期に出た「刑法講義」（昭三、昭五）や「刑法総論」（昭四）、そして第三には、社会的な問題意識を背景とし追放の原因となった「刑法読本」(昭七)、さらに第四には、学問生活における一つの決算と見られる「犯罪論序説」(昭一三)、そして最後に、戦後の著作、という形で一応区分することが可能なように思われる。

まず第一には、瀧川博士の最も初期の著作にあらわれた刑法思想の出発点が問題である。解釈論に関するものを除いて、刑法の基本的な問題にかかわる論文として注目されるのは、「罪刑法定主義の歴史的考察」(大八)、「心理強制主義と意思の自由」(大九)、「刑罰の本質としての応報」(大一〇)、「旧学派より見たる新学派」(大一〇)、「刑罰について」(大一二)などの諸論文である。このようなテーマの中に、研究の出発点における著者の問題関心の所在を見ることができる。

さて、この段階ですでに、罪刑法定主義への関心があらわれている。その内容についてはあらためて独立に検討するが、ここでは瀧川博士の刑法観の出発点を示す次の言葉が注目を引くのである。「犯罪とは法律の保護する利益の侵害にして、刑罰とは侵害者即ち犯罪人に科する苦痛なり。故に刑法の利益保護の方法は、利益侵害即ち犯罪あらば、苦痛即ち刑罰を科すべきことを予告して、犯罪を未然に防ぎ、依て他の法律が保護する利益を、間接に保護する方法によるものと謂はざるべからず。これ学者が刑法を称して、補充的制裁法規なりとなす所以なり。

刑法の任務にして以上の如しとせば、何が犯罪なるか、如何なる刑罰を科するかの予告は法律を以てなすことを要す。然らざれば個人にとりては自由の保障を失ひ、社会にとりては法律の確実を欠くの虞あるが故なり。これ罪刑法定主義を必要とする所以なり(1)」。

罪刑法定主義論では、牧野説への批判はまだこの段階では表面化していないが、刑罰論ではすでに初期から応報刑論の明確な展開が見られる点に注目しなければならない。その内容については のちに独立に扱うが、ここでは、瀧川博士がすでにその初心において、「刑罰の本質としては、唯応報即ち反動の一点を挙げ得るのみ、それ以外には何もあり得ない」という確信から出発されていたことを確認することで十分であろう。応報刑の思想は瀧川刑法学を最初から特色づける基本的なバック・ボーンであったということができよう(2)。

さて次に、昭和初期の体系書（刑法講義、刑法総論）に見られる基本的立場の特色を問題としなければならない。まず「刑法講義」（昭四、改訂版昭五）の緒論の部分で注目されるのは、犯罪が病気・貧乏・自殺・失業・淫売などと同じく、社会組織の欠陥から生ずる必然的現象であるとされ、刑罰万能の思想は最も保守的な、むしろ反動的なものだという書き出しの個所である。刑法は犯罪闘争の一手段として社会組織の欠陥を埋める役目を果たすものだとされるのである。刑罰の本質は明確に応報であるとし、苦痛による贖罪作用が強調されるが、刑罰の目的としては、威嚇や予告を内容とする一般予防の抽象性よりも特別予防の実証性を眼中におく必要があると評価されていた点に注目しなければならない。死刑や無期刑への批判がある反面、短期自由刑の弊害と慣習犯人への不定期刑、累進制度のほか保安処分の必要性もみとめられているのである。刑法の保障機能との関連で罪刑法定主義が位置づけられているが、その内容は罪刑の法定という要請のみに限定され、類推や遡及効の禁止には触れないとの態度がなお明確に維持されているのが注目される。一方、「刑法総論」（昭四）では、その序論の部分はかなり長く詳しいが、「国家主義が善いか無政府主義が合理的であるか、また私有財産制度を維持すべきか共産制度に行くべきか、これは別に研究すべき問題である。私は現実の制度を承認する前提のもとにおいて、刑法の説明を試みる」とのはしがきに対応するように、その内容は平板で客観的な叙述が大部分をなし、注目すべき評価を含む見解の開陳はほとんど見られないといってよいように思われる。(3)

次に、「刑法読本」（昭七）を中心とする京大事件前後の刑法思想の特質に触れておかなければならない。当時の刑法状況の時代認識ははっきり次のように規定されていた。「刑法の社会防衛任務は、ここでは崩壊過程に踏込んだ資本主義社会を、大波のように押寄せて来る大衆運動から、防衛することでなければならない。防衛の相手は従前の窃盗、強盗、等々の非組織的犯人ではなく、鋼鉄の組織をもつ無産大衆である」。したがって、ここから、ロンブローゾの主張は搾取者の擁護という結果となり、フェリの主張も「現実」社会における犯罪原因の探究という優れた出発点から出ながら、「全体」社会の防衛という無意味な到達点に達したと批判されることになった。応報としての刑罰の本質論は不変であるが、確信犯人には責任非難が可能であるか、教育刑は妥当根拠を失うのではないかといった主張が意識的に提起されたのもこの時期である（「確信犯人と教育刑」法学論叢二五巻四号、昭六）。罪刑法定主義についても、「社会の内部に強者と弱者の対立が存する間は、罪刑法定主義は刑法上の鉄則でなければならない」という形での自覚的擁護の姿勢があらわれてくる（「罪刑法定主義の再認識」公法雑誌一巻一号、昭一〇）。刑法読本が、「刑罰からの犯人解放は犯罪からの人間解放である」というスローガンで終わっているのが特徴的だといってよいであろう。(4)

戦前における学問的ピークの産物とされている「犯罪論序説」（昭一三）当時の基本思想はどうであったか。この書物の序は、罪刑法定主義の再認識という観点からナチスの動向を批判したのち、「罪刑法定主義の鉄則を守って犯罪理論を叙述したものである」とその立場を宣言している。その内容は、構成要件を類型として把握し、法益の侵害としての違法を前提として責任非難としての責任から区別するという伝統的な犯罪理論であるが、それが以前の体系書とくらべて、人権の保障に資すべき客観主義的構成という課題をどの程度達成しえたかを検討してみなければならない。なおこの時期の瀧川博士の基本思想は、「刑法雑筆」(昭一二)、「刑法と社会」(昭一四)所収の小論稿の中にこれをうかがうことができる。(5)

最後に、戦後における状況が問題となるが、瀧川博士の場合には基本的思想における転換の必要性はなく、むしろその全面的な展開が期待されえたといってよい。「刑法講話」(昭二六)にあらわれた基本思想は、ほとんどが戦前からの主張をその延長線上に展開したものであるが、しかしその反面、戦後の変革を積極的にうけとめた新しい展開は意外に乏しいことにも気がつくのである。刑法解釈論の分野をも含めて、瀧川刑法学の基本的な方法論上の特色は、むしろ戦前の業績の中により多く見出されうるように思われる。(6)

(1) 瀧川「罪刑法定主義の歴史的考察」法学論叢一巻六号八〇―八一頁。ここでは、犯罪が法益の侵害、刑罰が苦痛だとされているのが注目される。罪刑の法定は個人の自由の保障のために必要であるとされているが、それが、かなり微温的で不徹底であった点については後述する。社会の共同生活では、人の相接触するところ必ず利益の衝突がおこるとして、単純に刑法の必要性が肯定されており、社会自体およびその矛盾の原因への社会学的アプローチが全く見られない点も注意を要するところであろう。

(2) 瀧川「刑罰の本質としての応報」法学論叢五巻六号一六頁参照。刑罰に関するこの最初の論文において、刑罰の本質と目的と正当性とは区別されるべきであり、刑の本質が応報であることが当然に犯罪必罰という結果を導くものでなく、文化の観念から執行猶予などを十分是認しうるとされていた点が注目されるのである。なお、第二論文では、苦痛が正当化される合理的根拠として、苦痛の贖罪浄化の作用（コーラー）という点が強調されているのが注目される。保安処分の必要性もみとめられている（「刑罰について」論叢一二巻三号六、一三頁）。これらの点についてのその後の変遷が注目されるのである。なお、以上、初期（大正期）の瀧川博士の刑法思想を分析したものとして、小林好信「滝川刑法学の変遷（一）」天理大学学報八九輯一頁以下参照。

(3) 「刑法講義」の緒論のなかでは、なお、犯罪原因と社会組織についての次のような叙述が注目されよう。「生活の不安は社会組織の不合理に基く。現在の社会には、労働力を売る以外に、何らの生活の保障をも有しない無産階級と、労働力を買うてMehrwertを搾取する資本階級の二つが対立して、階級闘争の渦巻を引き起して居る。……Marx-Engelsに従えば、無産者は鎖のほかに失うべき何物をも有しないが、まさに獲得すべき世界があるから、世界的に団結せねばならないのである。……社会組織を改めることは、犯罪闘争の根本点であるが、合法手段による社会の変革は、いうべくして、行われない。この意味において、刑罰や保安処分をもってする犯罪闘争は、実は殆ど空論である。刑法の改正、乃至は刑事政策の計画も、現状維持の範囲を出ないことを記憶すべきである」（三七頁）。改訂版の緒論部分には基本的に第一版の叙述が踏襲されているが、部分的には、かなり重要な改訂ないし加筆がなされている。上述の引用個所にも若干の変化が見られ、最後のところは、「現存の社会秩序を維持しつつ社会組織を変革することは出来ない相談である。この意味において刑罰や保安処分をもってする犯罪との闘争は、実は改良主義者の空論に過ぎない」と書き改められている。それが、その趣旨のより徹底した強調であるとすれば、現存の秩序維持を志向する刑法への警戒とペシミズムが支配せざるをえなくなるであろう。それは、一方では、第一版に見られた特別予防目的へのかなり積極的な評価を再検討させ、他方では罪刑法定主義による制約を強化する方向をうながすはずである。しかし、改訂版では、この方向はなお微温的で不明確なままとどまっているといえよう。ただ、不定期刑論も、かかる主張があるという形で間接的な表現になっていること、それから、罪刑法定主義論でも、階級闘争の尖鋭化した今日的意義の強調とともに、刑法の解釈を社会の一階級の利益にのみ役立たせてはならないという主張がつけ加えられていることの中に、この方向をみとめることができるように思われる。「刑法総論」の序論のなかには、刑法改正の綱領にいう日本の淳風美俗論が、動機において反動的で、態度において保守的であるという評価がある位で、ほとんど明確な主張や提言は見られないのである。

(4) 刑法読本では、刑法はいかなる社会を防衛するのか、誰を教育するのかという観点に立ち入り、これを有産者と無産者の対立という視点で眺めようとする態度が見られる。マルクス主義的だといわれたのもその故である。政治犯人への名誉拘禁の主張や、労役場留置が実質上無産者への自由刑になっていることの批判などは、この視点から理解されよう。しかしこのような視点が、固有の刑法解釈論とどのように結合されうるのかという点は、不明なままにおかれていたといってよいであろう。

(5) 犯罪論序説については、佐伯博士による詳細な批評がある(佐伯・法学論叢三九巻一号一五三頁以下)。犯罪論の内容を除けば、著者がなお、解釈の自由にこだわり、類推禁止への態度がなお不鮮明なことを指摘されている点が注目されよう。しかし、「刑法雑筆」所収の論文(「犯罪の防衛か犯人のマグナ・カルタか」昭一〇)では、明確に類推禁止の立場が主張されているのが注目されるのである。この点については、またのちに触れる。

(6) 「刑法講話」では、応報刑論も罪刑法定主義論も、基本的に変わっていない。むしろ注目されるのは、戦後の刑法一部改正に関して、天皇を一挙に国民と同列におくことは行きすぎであり、外国元首の特別保護とともに、全面的な削除は疑問であるとされていた点である。また、親と子の関係を他人同士の関係と同じく見るのも、これまでの道徳観に合わないともいわれていたのである（二一六―二一九頁参照）。ただし、戦後の対応としては、破壊活動防止法に対して、治安維持法の二の舞を演ずるおそれがあるとして反対論が展開された点に注目しておかなければならないであろう（瀧川「変動期における治安と刑法」法律時報二四巻一号三頁以下参照）。

三　応報刑論

「刑罰は犯罪に対する応報、悪行に対する悪報である」という考え方は、瀧川博士の刑法観を初期から晩年にいたるまで貫流して変わることのなかった基本思想の中核をなすものといってよいであろう。上述した最も初期の論文から、刑罰の本質論は著者の中心的な問題関心に属し、関連する多くの論策が存在するが、ここではその特色のいくつかに言及することにする。

まず第一は、刑罰の本質としての応報の意味内容とその正当化根拠、およびその進化の可能性についてである。瀧川博士の主張の核心は、刑罰の本質を純化して「起動に対する反動」の一点に集約し、その内容は苦痛であり、刑罰は苦痛による浄化、贖罪作用によって正当化されるとするところにある。しかし、出発点においてカント、ヘーゲル流の絶対主義的応報刑論に立ちながらも、それが犯罪必罰主義に流れる危険のあることが最初から自覚されており、文化の観念による目的制約が留保されていたのである。その意味では、復讐からタリオに、タリオから現今の刑罰組織にといった刑罰の進化は考慮されていたといってよい。しかし、このような相対的進化にもかかわらず、応報観念が本質上抜きがたく人間性に由来し文化的にも超克されえないという確信が最終的に博士の応報刑の結論を支えるものであったということができるであろう。(1)

では次に、刑罰の一般予防目的についての評価はどうであったか。一般予防とは、一般人をして将来犯罪を実行せしめない効果であるとされるが、刑の執行による威嚇作用が時代おくれだとすれば、刑の予告による一般予告の効果が問われることになる。この点で瀧川博士は、フォイエルバッハの心理強制主義を罪刑法定主義にもとづく法治国思想との関連で高く評価しながらも、一般予防の立場からは犯罪の行われたことは刑の予告が無力であったことの証明であるとしてその失敗を指摘する。均衡原則による不必要な刑罰の排除という積極面はあまり強調されず、むしろ一般予防の蓋然率が測定しがたい擬制にもとづいており、刑の加重にみちびきやすいという批判的指摘が見られるのである。(2)

次に、特別予防については、とくにリストを中心とする実証主義の主張にふれる中で、犯人の個性に応じた犯罪予防の効果が現実的価値をもつとして、むろん法治国的保障を条件としてではあるが、むしろ最初から前向きに評価されていたのが注目される。それはとくに、資本主義の相対的安定期という時代背景を前提として、社会全体にとって不安ではなく、むしろ進歩的なものだとさえいわれたのである。しかし一方、特別予防による犯人の改善が教育刑主義にまで純化されると、罪刑法定主義を中核とする法治国思想に矛盾するという理由で批判されることになる。それは、「確信犯人と教育刑」(法学論叢二五巻四号、昭六)の中で展開された原則的な批判的観点(教育と刑罰との矛盾)につながるものである。しかし、その後、とくに戦後の状況の中で、刑罰の特別予防的意義にどのような評価が具体的に与えられるにいたったかという点は、必ずしも明らかではないように思われる。(3)

(1) 瀧川博士の刑罰論は、いわゆる分配説の上に成り立っている。「刑罰の本質は応報、その内容は苦痛、その目的は社会秩序の維持である」(刑法総論四二頁)。したがって、応報を自己目的とする先験的な絶対主義的応報刑論ではなく、「経験的な応報刑論」であるとされている。それが、神秘的な道義的応報刑論の方向に進まなかったことは、前提となる違法観が法益の侵害であるとされていたこと、さらには、啓蒙主義的な刑法の合理化思想に親近性がもたれていたことなどの点に因るものであったということができるであろう。博士によれば、刑罰における応報観念の絶滅を推論することは、その進化にもかかわらず、不可能であるとされたが、その理由は、最初は報復感情の根強さに求められていた。しかし、後には、応報と均衡原理が現代社会の構造にふさわしい社会意識にほかならず、その克服は社会組織の改革を前提とするとして、社会的・歴史的に把握されるにいたった点が注目を引くのである。それは明らかに、パシュカーニスらのマルクス主義的分析の影響をうけているということができよう（刑法講話一六頁以下参照）。

（2） 瀧川「一般予防と特別予防」昭一三、『刑法の諸問題』昭二六、二七頁以下参照。そこでは、フォイエルバッハとグロールマンの一般予防・特別予防論争が、理論そのものよりも、時代の要求との関連で分析されているのが注目される。一般予防は、政治体系が変化するとか、経済的急迫を告げる社会において推奨されるといわれるのである。

（3） 瀧川博士によれば、一般予防も特別予防も、応報観念の上に成り立つものとして理解されている。そのことの意味は、この両目的とも、応報的社会感情、犯人も人格者として取り扱う正義、そして法治国思想によって枠づけられるべきであるというところに求められている。そしてその上で、特別予防は、「政治的ならびに経済的状態が正常であれば……社会全体の利益に合する刑事司法の目標として適当である」とされるのである（「一般予防と特別予防」四六頁）。リストの時代が果たしてこのような時代であったのかどうか、再検討を要するとともに、このような特別予防の楽観的評価が昭和一三年当時になされていることにも注目しなければならないであろう。

四　客観主義論

次に問題にするのは、犯罪論の分野における基本的立場である。瀧川博士はこの点で、いわゆる客観主義の立場に立つものと評価されてきているが、博士自身が自らの立場を「客観主義」という呼称で特徴づけられているわけではないことに注意する必要があろう。ここでは、犯罪論の基本的な観点について、いくつかの特色をあげるにとどめる。

まず、犯罪は、構成要件に該当する違法、有責の行為として定義され、それぞれの概念要素の分析が目ざされている。それは、行為、構成要件、違法、責任、未遂、共犯の順序で叙述される伝統的な体系にもとづいているのであり、体系論的には初期の教科書以来基本的な変化は見られない。内容的には、そのときどきのドイツの学説からの影響として、とくに構成要件、違法論におけるマイヤーからメッガーへの移行、およびリスト以後の規範的責任論からの影響が顕著であるといってよいであろう。(1)

犯罪論における基本的観点として強調されるのは次のような命題である。(1)犯罪は形式的には法の命令禁止に違反することであり、実質的には法益の侵害または脅威である。(2)刑法は補充的・第二次的・制裁的性質をもつ法律である。(3)刑罰法規がない以上は、たとえ道徳的にいかに非難すべき行為であっても犯罪ではない（罪刑法定主義）。(4)刑法の定める犯罪類型は、行為の客観的方面からなる違法類型と、主観的方面からなる責任類型から形成される。これを統一する指導形相が構成要件である。(5)未遂犯・教唆犯・従犯は独立的犯罪類型を前提とする従属的犯罪類型である。(6)犯罪の行為としての性質は、意思にもとづく身体の動静（作為および不作為）という特徴を有する。(7)行為が法律に違反するかという客観的違法問題は、行為者が適法に行動しうる能力をもつかという主観的責任問題に先行して提出される（客観的違法論）。(8)責任非難は、行為者に対して当の違法行為の代りに他の適法行為を期待しえたことを前提とする（規範的責任論）。(2)

さてこれらの命題は、どのような意味で客観主義と関連するのであろうか。まず、現実説としての行為刑法が前提とされ、行為の構成要件的類型化が念頭におかれていることは疑いない。それは構成要件該当の実行行為を中核とする形式的客観説への志向をもつといえよう。次に違法の実質が法益の侵害・脅威とされている点が重要である。それは行為の客観的危険を中核とする実質的客観説への志向につながるといってよいからである。違法と責任は体系的に分離され、それぞれの阻却事由が配置されるとともに、とくに主観的故意の機能が責任論の範囲にとどめおかれている点に注目しなければならない。それは全体として、客観主義的な犯罪論の構成にふさわしい内容をもつものと評価してよいように思われる。

もとより、そこには問題がないわけではない。たとえば、行為論が主観を含み、因果関係が責任論の中に解消されていること、違法の実質が「条理」違反として倫理化される危険を有していること、違法状態の承認が不明確なままにとどまっていることなどの点が、なお検討されるべきであろう。全体としていえば、応報刑論の強調による教育刑論への対抗という側面にくらべると、客観主義の展開による主観主義への対抗という側面は、それほど自覚的にかつ系統的に正面から追求されたとは必ずしもいえないように思われるのである。(3)

(1) 初期の教科書は、当然のことながら、叙述が簡単であり、平板な説明の域を出ないと評されよう。この分野では、やはり「犯罪論序説」(昭一三)が、当時の水準を示す内容をあらわしているように思われるので、以下でも主としてこれに依拠することにする。戦後の「刑法講話」は、その趣旨からしても、犯罪論の理論的分析にそれほどのウェイトはおかれていない。

(2) 瀧川『犯罪論序説』二一―一九頁参照。なお、このほかにも、初期の教科書の中から、注目すべき命題を付加するとすれば、違法ではあるが「罰すべき」程度の違法性を備えていなければ犯罪の成立をみとめることはできないとの主張がこれである。それは、いわゆる可罰的違法性の観念を明示的にみとめたものとして注目されるのである(『刑法講義』改訂版八三頁、『刑法総論』一〇三頁参照)。なお戦後の「刑法講話」からは、いわゆる主観的違法要素がすべて否定されて、客観的違法論がストレートに貫徹された点が注目を引くといえよう（一七三頁以下参照）。

（3）　いわゆる客観的違法論をとるということだけであれば、牧野博士もその結論をみとめられていたので、主観主義との相違が真にどこに由来するかを、より立ち入って検討しなければならないことになる。なお、佐伯博士は、以上のほか、指導形相としての構成要件論の機能の不明確性、故意と責任阻却事由としての期待可能性との関係、確信犯人の責任、共犯の極端従属性の主張、などの点について、批判的な検討を加えられているが（佐伯・上掲一五七頁以下）、直接客観主義の原則に関連するとはいえないので、ここではふれないことにする。

五　罪刑法定主義論

罪刑法定主義は、上述したように、瀧川博士の初期からの一貫した関心テーマであり、実にくりかえしくりかえし言及がなされてきているということができる。ここでは、そのくわしい内容に立ち入ることはできないが、その主張の要点とその変遷に注目しながら整理をこころみることにする。なお、罪刑法定主義の重要な派生原則としての「類推」解釈の問題については、次の刑法解釈の方法論で独立に扱うこととし、ここでは類推を除いたその他の問題を扱うことにする。(1)

まず、罪刑法定主義の歴史的考察は、その最も初期の論文のテーマともなっており、その後も啓蒙的な筆致によってたびたびくりかえされた、いわばお得意の叙述部分に属するといってよい。瀧川博士によれば、罪刑法定主義とは、「法なければ刑なし」という標語にしたがい、法律をもって犯罪と刑罰を明らかにする制度をいうとされ、その歴史的起源はフランス革命を支えた人権宣言に由来し、それはさらに北アメリカ諸州の権利章典に、そしてさらに遠くイギリスの大憲章（マグナ・カルタ）に流れを汲み、ロックおよびブラックストンの自然法学の影響をうけて形成されたものだとされるのである。これに、モンテスキューの三権分立論およびフォイエルバッハの均衡論を加えて罪刑法定主義の歴史的意義を論ずる手法は、その後の罪刑法定主義論への展開を通じて基本的に変化はなかったといってよいであろう(2)。

わが国の状況については、旧刑法二条の規定が現行刑法では置かれていないが、それは刑罰専擅主義の復活を意味せず、すでに旧憲法自体に明文があるので重ねて規定する要なしとするのが通説であると説明されている。問題は、罪刑法定主義の内容であるが、注目しなければならないのは、瀧川博士の出発点が、立法手続を経た法律による罪刑の法定、つまり刑法の法源からの慣習法の除外という点にこの原則の意義を集約し限定するところにあったという事実である。つまり、罪刑法定主義の派生原則として一般にみとめられていたもののうち、類推禁止のみならず、遡及効の排斥も、この原則からの必然的な帰結ではないと明言され、不定期刑については全く言及がなされていないのである。(3)

罪刑法定主義の内容に対するこのような理解は、初期の教科書にそのまま踏襲され、一方では罪刑法定の歴史的な自由主義的意義が強調されるのであるが、その重要な派生原則の具体的な叙述はほとんど姿を見せず、むしろ逆に類推解釈を許容する論調を伴ったために、説得力の弱さと自己矛盾をすら見出さざるをえないように思われる。(4)

その後、瀧川博士は、「罪刑法定主義の再認識」(公法雑誌一巻四号、昭一〇)の中で、社会の内部に強者と弱者の対立が存する間は罪刑法定主義は刑法上の鉄則でなければならないことを強調されたが、これは罪刑の法定原則自体に対するナチスの公然たる攻撃に対抗しようとしたもので、文化国家の理念によるこの原則の解消を唱える牧野博士への批判も姿を見せている。そして、この段階にいたってはじめて類推禁止論への転換が明らかになることによって、その罪刑法定主義論に一貫した基礎が付与される可能性が生まれたということができよう。しかしそれにもかかわらず、罪刑法定主義の鉄則を守って犯罪理論を叙述したものと自認される「犯罪論序説」(昭一三)にも、類推禁止や遡及禁止などの具体的で明確な叙述はなお姿を見せていない。この点は戦後の「刑法講話」(昭二六)でも、類推禁止は明確化されているけれども、その他の派生原則の具体的叙述はなされないままでとどまっている。新憲法の規定にもかかわらず、遡及禁止への言及はなく、保安処分への批判も法定主義との関連を含めて欠落しており、不定期刑論との関連も全く意識されていないのは、むしろ不可解な感じさえ与えかねない。瀧川博士が罪刑法定主義の下に具体的に主張されようとしたものが果たして何であったのか、あらためて再検討を要すべきものがあるように思われるのである。(5)

(1) 瀧川博士の罪刑法定主義論については、これを独立に考察の対象とした論稿が存在する。小林好信「瀧川幸辰と罪刑法定主義」大阪学院法学研究一巻一・二号一一五頁以下参照。これは、とくに類推の問題に対する瀧川博士の所説の変遷と転換を跡づけたものとして興味が深い。

(2) これは、ドイツのショットレンダーの業績に基本的に依拠したものと考えられるが、このような考え方は、わが国の学界にも長く定着してきたものということができる。しかし戦後は、これを罪刑の形式的法定原理へと矮小化することの危険が自覚されるとともに、罪刑法定主義の歴史的意義への反省が生まれ(たとえば、沢登佳人「罪刑法定主義の歴史的意義への反省」、横山晃一郎「罪刑法定主義の再構成」佐伯還暦上所収)、さらにマグナ・カルタの歴史的性格の再検討の必要も提起されている点に注目しなければならない(桜木澄和「マグナ・カルタの神話」法学新報六五巻一〇号、昭三三、四一頁以下参照)。

(3) 瀧川「罪刑法定主義の歴史的考察」法学論叢一巻六号八一頁以下参照。罪刑法定主義の内容に関するこのような理解は、奇しくも、その論敵となった牧野博士のそれに一致していたということができる。小林・上掲論文は、そこに牧野博士の影響をみとめられるのであるが、すでに当時、わが国でも、類推も遡及効も許さずとし（大場）、犯人に不利益な類推は禁ずとし（山岡、泉二、富田）、厳格な解釈を要求する（勝本）学説が展開されていたことを考えると、なぜ罪刑法定主義の自由主義的意義を強調した著者が、これを否定して、牧野博士の理解に同調されたのかという点に、原則的な疑問がのこらざるをえないのである。

（4）『刑法講義』改訂版（昭五）では、罪刑法定主義が階級闘争の尖鋭化した今日、とくに必要であるとして、風早論文の引用があり、社会が一階級によって支配されている限りは裁判官の無制限な裁量は許容されてはならないとされるのであるが、しかしなお、他の個所では、類推禁止が根拠のない主張だとされているのである（四二、四六頁参照）。

（5）罪刑法定主義に対する瀧川博士の評価は、全体としては一貫しているように見えながら、そこに微妙な変遷が内含されているように思われる。それがフランス革命とその思想に由来することは一貫してみとめられているが、問題は、二〇世紀のそれぞれの時代状況の下で、この原則の意義がどの程度自覚的に位置づけられようとしたかという点にかかっているということができる。初期には、フランス革命のもたらした制度とその思想が、次第に「歴史的遺物に化しつつある」との認識が明らかに看取されるのである（『刑法講義』五〇頁参照）。その後は、このような楽観的認識は影をひそめ、階級闘争の尖鋭化とともに、この原則の必要性が再認識されるにいたったのである。戦後も、この再認識はつづいているが、その時代状況の認識がどのように展開されたかは、必ずしも明らかではない。一方では、治安刑法の復活への警戒が見られるとともに、他方では、二元主義による保安処分の承認をこえて、なお時期尚早とはしつつも、刑法の発展が刑法から保護法への転換でなければならないともされていたのである（「刑法の一部改正」昭二三、『刑法の諸問題』二五〇頁参照）。

六　刑法解釈の方法論

刑法の解釈についての瀧川博士の考え方の出発点は、初期の教科書の中に次のような形で明らかに示されていた。「刑法の淵源は成文の法律である。法律の文字そのものは、廃止・変更されない限り、永久に変らないが、合理的内容は時代毎に変化する。法律の解釈は法律の文字に含まれて居る種種の意味のなかから、これが法律であるといい得る唯一の合理的内容を選ぶところに成立する。このことは、刑法と刑法以外の法律との間に差異はない。刑法が人の自由を制限する法律であるということを理由として、『刑法の類推解釈は許されない』といい、『疑わしい場合は被告人の利益に従う』ということが主張されるのは、罪刑法定主義の昔ながらの要求を、無批判的に受け入れただけのことである。刑法の解釈と刑法以外の法律の解釈の間に差別を認めようというのは、全く根拠のない主張である。社会は無限に進化し発展する。法律、従って刑法も、解釈によって新たな社会生活を規律せねばならない(1)」。

これは、牧野博士の自由法論からする刑法解釈論の立場と基本的に符合するという点で大いに注目を要するところであるといわなければならない。それは、必然的に類推解釈の許容にいたりつくのであるが、それは変動やむことなき社会状態に対応するためのやむをえない必要悪といった消極的な根拠づけをこえて、類推を禁止して厳格な文理解釈に制限しようとするところみこそ、明文ならびに理論上の根拠を欠き、有害な恣意（Willkür）だときめつけられている。それが犯罪人より社会を救うという観点を考慮しないといった批判は、牧野博士の主張ではないかとさえ疑われるのである。(2)

では、瀧川博士による類推禁止論への転換はいつから生じたか。この点が明確にあらわれたのは、昭和一〇年の論文「犯罪の防衛か犯人のマグナ・カルタか」（『刑法雑筆』三五三頁以下）であるということができる。ここで著者は、類推禁止が一九世紀以来罪刑法定主義の下に「坦々たる大道を進んで」きており、自由法運動もこれを阻むことはできないとのべ、結論的に次のように明言されたのである。「裁判官の自由裁量によって犯罪を創作することは常に一方的に被告人の権利、自由を奪う結果となる。被告人に斯ような不利益を免れさすための制度が刑法における罪刑法定主義であるとすれば、被告人の不利益への類推を禁止することは、罪刑法定主義の当然の帰結といはなければならない(3)」。

類推の禁止に原則的な意味を付与するとすれば、具体的な限界をどこに引くのかという問題が生ずるが、瀧川博士はその限界と区別が困難であることを自認しつつ、しかし具体的な判例の検討の結果、電気窃盗のケースは類推でなく許容されるが、鈎による魚類捕獲（大判昭九・六・二二）および銃猟禁止区域たる湖上から陸上にいる鳥の捕獲（大判昭九・一一・一七）のケースは、ともに許されない類推にあたると批判されたのが注目されるのである。

戦後の『刑法講話』も類推禁止の立場に立っているが、ここでも類推禁止が坦々たる道を進んできたという総括がなされた上で、しかし判例分析としてはさらに、捕獲した獣の毛皮の買受を獣の買受としたケース（大判昭一三・七・二八）、およびガソリンカーのケース（大判昭一五・八・二二）も禁止される類推にあたるとされているのが注目されるところである。そこに、通説よりもきびしい対応を見ることができるように思われる。(4)

（1）　瀧川『刑法講義』四六―四七頁。これとほとんど同趣旨の文言は、『刑法講義』改訂版四五―六頁にも、『刑法総論』五五―六頁にも、くりかえされている。刑法の解釈におけるこのような立場は、すでにそれ以前に、「罪刑法定主義の歴史的考察」法学論叢一巻六号、六八、八一頁以下において展開されていたものである。そこではすでに、解釈が社会の秩序にしたがい、合理的である限りは、すべて認容され、ひとり類推のみを区別すべき理由なしと明言されており、通説がこの点にこだわるのは、フランス革命の思想に拘泥するからであって、今や一変した世態の下では、現代の要求によって変動やむことなき社会状態に対応するために類推解釈も十分に許容されると主張されていたのが注目されるのである。

（2）　瀧川博士が、一方で罪刑法定主義の自由主義的な歴史的意義を強調しながら、他方で一見これに反するような「解釈の自由」を、あえて通説に反してまで、主張されたのはなぜであろうかという疑問が生ずる。この点について、小林・上掲論文一二〇頁は、その後の瀧川博士の所説にもとづいて、自由法運動がおこった時代の社会状況から見て、当時は社会防衛と類推解釈がむしろ進歩であるという評価がなされていたのではないかと分析している。果たして、その時代が、平和な安定期といえるものであったのかという原則的な問題はのこるであろうが、たとえそれが「幻想」であったとしても、もしも時代状況の評価を基準とすることができるとすれば、初期の類推許容がその後の類推禁止へと転換したことの理由の一つの説明とはなりうるであろう。しかし、もしそうだとすれば、初期の段階における罪刑の法定原則そのものの評価も、実はフランス革命の遺物として、相対的に低かったものといわざるをえなくなる。一方、罪刑の法定と解釈方法とが切りはなされて理解されていたのではないかという仮説もなり立ちうるであろう。後には、これが必然的な関連として理解されることにより、類推禁止にみちびかれたのである。

(3) 瀧川「犯罪の防衛か犯人のマグナ・カルタか」昭一〇、『刑法雑筆』三七八―九頁。この論文について不可解なのは、類推禁止がかつてから学説によってほとんど例外なく承諾されていたとか、有力な刑法学者の中でこれに反対したのは、ビンディングの言葉をかりれば一つの「メールヘン」だといいはなった同じ人が、今や類推禁止こそ、罪刑法定主義の必然的な帰結だといわれるのである。その理由は、上述したように必ずしも明らかでないが、この論文のあとのほうで、自由法運動のおこった当時の社会状況からこれを進歩的と評価できるとされている点が、間接的にその転換を正当化する理由とされているようにも思われる。なお、この明確な転換以前にも、上述したように、刑法講義、改訂版では、刑法の解釈を一階級の利益にのみ役立たせることはよろしくないとの留保が付せられたのである(四六頁)。

(4) 電気窃盗のケースについては、すでに初期の段階で、他人の財産権を広く解する立場から、電気をこえて広く許容されるという積極的評価がなされていた(「罪刑法定主義の歴史的考察」八三頁参照)。この結論はその後も維持され、これを類推と見るのは刑法の厳格な解釈にとらわれすぎであるといわれる(『刑法講話』五七頁参照)。

七　結　語

以上で瀧川博士の刑法学上の基本的観点の検討を終わった。結論にかえて二、三の点を指摘しておくことにする。

まず第一に注目されるのは、瀧川博士の刑法学が固有の刑法理論の枠をこえて社会的問題の領域にまでかなり広く、かついわば無防備に拡大され、その結果、ドラスティックな政治事件とのかかわりを伴ったという点である。それは、刑法および刑法学のイデオロギー的関連を自覚させる上に貢献したといえようが、反面、本質的な体制批判の側面と、体制内での解釈論とを結合することの困難性をも生み出したように思われる。時代状況への敏感な反応とその率直な表現が瀧川刑法学の軌跡をあらわしているが、その必然性を客観化されたものとしてフォローすることはなお容易ではないように思われる。

第二に、この点との関連で問題としなければならないのは、最大の論敵となった牧野刑法学との関連である。滝川博士の応報刑論が絶対主義的なものでなく、啓蒙的合理主義とも関連しえたことを考慮すれば、とくに初期の段階で自由法運動を進歩的と見る共通の基盤があったようにも思われる。その後の両者の対抗は、独占資本主義国家と文化国家の理念的および実践的対応の相違にもとづくものといってよいであろう。瀧川博士の消極主義には十分の理由があったにもかかわらず、改良の問題の位置づけの不明確さのために、戦後の状況への積極的対応において一定の弱さがあらわれざるをえなかったように思われる。

第三としては、小野刑法学との関連に注目しなければならない。ここではとくに、瀧川刑法学が同じく旧派応報刑論でありながら、ナチスの全体主義的で権威主義的な世界観にきびしく抵抗し、個人主義的な自由主義刑法の伝統を守りえたのはなぜかという点が問われなければならない。そしてこの点では、瀧川博士が、一方では同じくカント、ヘーゲル、マイヤー、メツガーらの影響をうけながら、他方ではベッカリア、フォイエルバッハなどの啓蒙主義的刑法思想に帰依し、これをヴェヒター、リストなどを通じて自由主義刑法の流れとして継承しようとする歴史観において一貫していた点が重要なように思われるのである。

第5章 佐伯博士の刑法思想

一 序

佐伯千仭博士をわが国における旧派刑法学の陣営に属する傑出した論客の一人にかぞえることはおそらく異論を見ないところであろう。しかし、後述するように、佐伯博士の方法論的な基本姿勢を従来の旧派・新派のパターンで割り切ることには一定の困難がつきまとわざるをえないように思われる。すでに旧派の陣営の中でも、小野・瀧川両博士の方法論における異同とその意味が注目されるべき課題とされていたのであるが、佐伯博士については、この小野・瀧川両博士との関係がそれぞれ問題とされなければならないのみならず、新派との関係についても、一方では宮本博士とのかかわりを通じて、また他方では合目的的な刑事政策との関連を通じて、自足的でない開かれた観点を見出すことができるように思われるのである。

以下では、このような関連と位置づけを意識しながら、佐伯刑法学の基本的な方法論上の特色をできる限り明らかにしてみたい。項目としては、これまでの手法に従って、まず基本的観点の変遷を概観したのち、いくつかの原則的な論点を扱うが、個々の解釈論的な問題は割愛せざるをえないことをおことわりしておく。(1)

(1) 佐伯博士の刑法理論を扱ったものとして、木田純一「佐伯教授の刑法理論」愛大法経論集六六号『戦後日本の刑法学』昭四七、一八二頁以下、参照。

二 基本思想とその変遷

佐伯博士が単なる解釈論者でなく、すぐれた刑法思想家であり、戦後は実務家でもあることは周知のところである。解釈論を含む多くの業績が、常に周到な歴史的アプローチと実践的な問題視覚に支えられていることを見ただけでもそのことは明らかだといってよいであろう。

ここで問題とする刑法の基本思想についていえば、『刑法講義(総論)』(昭四三)の緒論部分に佐伯博士の基本的な見解が集約的な形で表現されているといえよう。これを一応の到達点と考えれば、それにいたるプロセスは、少なくとも戦後に関する限りでは、かなり明確な関連性をもってフォローすることが可能なように思われる。しかし問題は、戦前の佐伯博士の業績にあらわれた基本思想をどのように把握し、これと関連づけるかという点にある。戦前の基本思想は、『刑法総論』(昭一九)の中に最終的に集約されたが、それは解釈論的な水準の高さにもかかわらず、当時の時代思潮の影響をまぬがれず、とくに日本的国家道義の強調が見られたのである。したがって、戦前の基本思想を初期からの形成過程として跡づけるとともに、戦前から戦後への転換のあり方と問題性にも注目しなければならないのである。

さて、戦前における佐伯博士の業績を一見してまず気づくことは、刑法解釈論にかかわる総論の基本的な問題が、構成要件論(タートベシュタント論)、違法論(主観的違法要素論)、責任論(期待可能性論)、共犯論(従属形式、共犯と身分)などの分野にわたって詳細に分析されているという事実である。それらはいずれも、当時のドイツにおける最新の学説をふまえた本格的なもので、今日においてもその価値は失われていないということができよう。次に注目されるのは、これらの論文の間にあって、これを支えるものとして、内外の刑法文献の「書評」が少なからず存在するという点である。以上の論文・書評とも解釈論に関する地味な叙述が多いのであるが、その中から戦前における佐伯博士の基本思想の生成および発展のプロセスとその一般的特色を見出さなければならない。なおこの点で、佐伯博士の研究の出発点となった時期が、大正デモクラシーではなく、すでに昭和の初期（五、六年頃）および一九三〇年代に入っていたこと、つまり軍国主義とナチスの抬頭におびやかされていた時期にあたっていたことが念頭におかれるべきであろう。

佐伯博士の戦前の基本思想は、まず先人（牧野、木村、小野、瀧川など）の業績に対する評価と対応の中にこれを見出すことができる。とくにこの点で注目されるのは、牧野博士の教育刑論への批判である（書評「刑法における法治国家思想の展開」昭六）。そこでは結論的に、教育刑論が刑の人道化と文明化にいみじき貢献をなしたことは否定されないとしつつも、その反面、教育の美名にかくれて現在の社会のひたすらな防衛によって支配階級に奉仕し、罪刑法定主義と個人的自由の否認にいたるべきことが明言されていた。(1) 次に木村博士の刑法学説については、時期がかなりあとになるが、書評（木村教授「刑法解釈の諸問題」第一巻、昭一五）の中で、実証学派の具体的人間像を生物学的なものと批判し、責任非難の主体たるべき人間の自由意思が留保されるとともに、応報刑と客観主義、目的刑と主観主義という対応の図式が必ずしも必然的な関連に立つものではないこと（たとえばナチスの刑法論）が主張されている。(2) 一方、小野博士の所説に対しては、二つの書評が存在するが（「規範的責任論と構成要件の理論」昭七、小野教授「法学評論」上、昭一三）、目立った批判はなく、むしろキール学派への対応をも含めて基本的立場の共通性を見ることができる。そしてこの点は、戦前末期のいわゆる日本法理運動のレヴェルでの親近性にまでつながって行くように思われるのである。(3) 最後に同じく旧派の瀧川博士の学説に対しては、書評（瀧川幸辰「犯罪論序説」昭一三）の中で、罪刑法定主義を固守することと解釈の自由をみとめることとの関係の不明確さの指摘のほか、確信犯人の責任は「国家の立場からの」期待可能性を前提としなければ説明しえないのではないかという疑問が提起されているのが注目される。(4)

さて、次に問題としなければならないのは、抬頭しつつあったナチスの刑法思想に対する佐伯博士の対応状況である。結論的にいえば、この問題に対する佐伯博士の関心はきわめて高く、正面からこれにとりくんだ論文や紹介が数多く存在する。すでに初期の論文「刑法学の危機——権力主義刑法思想」（改造一五巻一二号、昭八）でこの新思潮を紹介した佐伯博士は、「刑法に於けるキール学派に就て」（論叢三八巻二、三号、昭一三）においてこれを詳細かつ全面的に検討されるにいたった。ではその評価はどのようなものであったのか。前者の論文では、この権力主義的刑法思想が刑法の危機の克服として必然的に発生したけれども、その発生自体が新たな刑法学の危機を意味するであろうとされていたが、後者では、それが構成要件論による類型的思惟や違法と責任の順序と区別自体の否認にまでいたることは不都合であるとしつつも、具体的全体的思惟を説く根本的見地ははなはだ有益であって、従来の刑法学に対し幾多の反省を促すものであると評価されているのが注目されるのである。その対応には、節度と慎重さが常に留保されてはいるが、全体として国家主義的方向への傾斜はさけられなかったように思われる。(5)

戦前末期には日本法理への接近が見られたことは上述したが、統制経済法を含む経済刑法の分析や戦時刑事特別法の紹介もなされているのである。(6)

そこで次に、戦後の転換とその後の発展に注目しなければならない。戦争直後の業績のなかでは、とくに「新憲法と罪刑法定主義」(法律新報七三巻八号、昭二二) および「改正刑法管見」(法律タイムズ二巻四号、昭二三) が注目されるが、そこでは、新しい憲法理念の受容がとくに刑事手続における人権保障の強調を軸として定着して行く過程をみることができる。そして、このような方向への関心を促進したのが戦後における在野法曹としての法的実践であったことは、のちに佐伯博士自身みとめられたところである。(7) 昭和二七年には『刑法総論』が公刊されるが、それは戦後の激変した新しい法律状態に適合するように旧著(昭一九)を書きかえられたものである。犯罪論の理論構成には基本的な変化は見られないが、刑法の歴史の部分が省略されるとともに、日本法理の強調が姿を消し、ナチスの全体主義的傾向が個人の自由を最終的に無用視したとして、自由主義的牽制原理の復権が説かれている点にその特色を見ることができる。(8)

そして、このような形で定着した戦後の基本思想は、昭和四三年の『刑法講義（総論）』において一つの集大成を見るにいたった。そこでは、一時留保されていた「刑法の歴史」や「近代刑法思想の展開」も、その後の時代的評価を加えて、全面的に復活するとともに、現代的な状況への対応も怠られてはいないのである。犯罪の基本的把握にかかわる違法観においても、いわゆる結果無価値論の自覚的展開は、「法益説は唯物論だというナチスばりの批評にたじろぐことはない」という姿勢に見られるように、歴史的試練を経た重さをもって語られているように思われる。(9) なお、この段階における佐伯博士の基本思想は、「刑法学史」（日本近代法発達史11、昭四二）における相対的な歴史分析、および刑法改正問題への批判的姿勢の中にも自覚的かつ実践的な形であらわれているといってよいであろう。そこに、小野博士との相違を見ることができるといえよう。

（1）　この紹介は、佐伯博士の最も初期の業績に属するものとして、出発点を知る上でも重要なように思われる。当時の社会は、独占資本主義と名づけられ、社会防衛論や教育刑論の出現する社会的基盤、およびこの主張が完全な実現をはばまれざるをえない二律背反性の指摘が存在する。現状の下での裁判官の裁量の拡大は、高級官吏の収賄罪を執行猶予とし、貧者の窃盗を不定期にするおそれがあるとされているのである（法律時報三巻八号、六一一三頁参照）。なお、牧野博士の所説の紹介は、のちに昭和一四年当時にもなされているが（牧野博士「刑法研究」第七巻、法学論叢四一巻二号一四二頁以下）、そこでは、罪刑法定主義と刑法の解釈についての牧野博士の主張の紹介があるのみで、批判的なコメントを見出すことはできない。

（2）　解釈論的な問題についての批判点はここでは省略するが、木村博士の類推許容論については、紹介だけで批判的なコメントは付せられていない。なお、刑法が予想する人間像の問題は、客観主義と主観主義の成立の歴史的検討を含めて、別の論文で、詳細な言及がなされている点に注目しなければならない（「刑法における人間観の問題」法学論叢五七巻六号）。

（3）　戦前末期に佐伯博士が主張されるようになった「日本的なるものの自覚」は、小野博士の「日本法理の自覚的展開」を高く評価し、基本的にこれに共鳴するものであったということができる（「刑法における日本的なるものの自覚」論叢四九巻一号、五〇巻一、二号）。しかし、責任の道義的性格については、初期には、刑法上の責任は法律上の責任であるから、道義的責任という表現には考慮の余地がないかとされていた点が注目されてよいであろう（論叢二七巻六号九一五頁参照）。

（4）　なお、ほかにも、二、三の日本文献の書評があるが、「島田教授の刑法概論」（法律時報四巻一〇号、昭七）の中で、類推の禁止と立法による解決が明確に主張されていたこと、安平教授「団体主義の刑法理論」（論叢三四巻一号、昭一一）では、ナチスの主張するように、個人自由の誇張のための弊害が続出し、国家権威の失墜や軟弱化がたえがたい程度に現存するのかが重要な問題であるとされているのが注目されよう。

(5) 佐伯博士は当時、刑法を骨抜きにしてしまうという期待可能性論への非難にこたえて、これに他の道を示すことが課題だったとされ、「刑法の骨抜きを防ぎ、無罪放免の限界を画するものは正に現存国家という思想である」といわれていた(改造一五巻一二号、四三頁)。なお、これらの論文では、ナチスの思想が、当時の新派からも旧派からも、自由主義、個人主義、合理主義、寛容主義のあらゆる傾向をつみとって、これを全体主義、倫理主義、国家主義、権力主義的な方向に徹底的に再編しようとする運動であったことが明らかにされている。

(6) 日本法理は国体論にまでいたりついたのであるが、その過程で、日本法の歴史分析への関心と比較法における主体的観点の確立の必要性が指摘されたのは、積極的な副産物だったといってよいであろう。これを、民衆の法意識ないし法実践の歴史としてとらえなおすことが要請されるのである。

(7) 佐伯『刑事裁判と人権』昭三二、はしがき、二頁参照。ただし、佐伯博士が、戦後、それまでの考え方を無原則に変更されたものでないことは、たとえば上述の二つの論文においても、類推禁止の理解の仕方や、刑法一部改正における個々の改正点の分析において、自主的な観点が留保されていることからも明らかであるといってよいであろう。これらの点については、のちに罪刑法定主義論、とくに刑法の解釈の問題のところでふれることにする。

(8) そこでは、刑法学派の対立の歴史が次のように総括されている。「以上の歴史的事実は我々に犯罪論における所謂客観主義がむしろ市民の自由と平等を保障せんとする自由主義的牽制原理として応報刑論にも特別予防論にも妥当して来たこと、その牽制がなくなれば応報刑論もまたその国権主義的性格に従って容易に主観主義的犯罪観と結合し得ること、従って客観主義と応報刑論との結合には特別予防論と主観主義との結合程の内面的必然性はないことを理解させるのである」(『刑法総論』昭二七、一〇頁)。

(9) 佐伯『刑法講義(総論)』昭四三、一七五頁参照。なお、キール学派が説いた全体的・本質直観的思惟方法への原則的な批判も見られる(同二一三頁参照)。

三 応報刑論

佐伯博士の刑罰論にはいかなる特色が見られるかという点の分析がここでの課題である。まず、応報刑論については、それが過去の犯罪に対する道義的非難とその理由を求める形而上学的思惟におもむくものとしつつ、それが応報をうけなければならない行為を区別し、人格の自律と責任観の樹立に連なり、さらに罪刑の均衡、比例の原則を生み出す点が積極的に評価されている。応報は感情的で不明確であり、その前提とする人間の自由意思も非科学的で論証不可能だとする非難に対して、応報の理念は明確な論理的表現には親しまないが、今日でも裁判の実際や国民の法意識が、なお応報思想に強く引かれていることも争いえない事実であり、責任主義がもともと応報思想の土台の上に成長したものであることを知るべきだとされているのである。行為主義と責任主義による客観主義的制約に奉仕する点において応報刑論が積極的に評価されているということができよう。その限りで、意思の自由が承認され、量刑基準と責任との対応が語られるのであるが、問題は道義的応報に内在する積極的責任主義への志向との関連にある。結論的にいえば、戦前の『刑法総論』(昭一九)における「日本国家の道義的秩序」と道義的責任の強調の中にこの傾向が存在したことは否定できないように思われるのである。(1)

次に一般予防論については、刑罰の威嚇力が法秩序の維持に役立っていることには疑いがないとしつつ、しかしその犯罪防止力には限界が存することを知らねばならないという留保が付されている。その際、とくに強調されているのは、一般威嚇力を発揮しようとあせると、ともすれば程度をこえた残酷な刑罰におちいるという点である。結局、「一般予防ということは、無視すべきではないが、それを誇張してもならない」というのがその結論とされている。この一般予防論についての叙述には、戦前から戦後にわたってほとんど変化が見られないが、特段に積極的な評価は与えられていないといってよいように思われる。

一方、特別予防論については、それが他の刑罰観にくらべてはるかに積極的であって、刑事政策上各種の進歩を導き入れた功績は否定すべくもないとしつつ、しかしそれが応報刑論に対する反感のあまり、刑法から道義的責任と意思の自由を排斥し、刑罰と保安処分との本質的相違を否定する平板な社会的責任論の命題を定立したことはあやまりであったと評価されている。佐伯博士によれば、「刑罰は、自分の行為について責任を負いうると考えられる能力者に対する非難を含んだ改善教育の処置である」といわれるのである。このように、教育刑の効果も責任非難の重要性を承認したところに成立するという形での問題設定は、すでに戦前から見られるところであるが、ここでも戦前の『刑法総論』（昭一九）では「現実の国家生活を営みつつある倫理的実践の主体としての人間」という側面の強調を見ることができる。そして戦後は、道義的責任の強調が緩和されるとともに、責任主義を前提とした特別予防に、より積極的な意義が付与される方向への展開が見られるように思われる。この点について『刑法講義（総論）』（昭四三）では、「このような統一は、責任を前提とし、特別予防によりながら、その主観主義を人権保障のために客観主義的に制限することによってもたらされる」ものと結論づけられている。「責任→刑罰」でも、「目的→刑罰」でもなく、「責任→目的→刑罰」という構造が成立するとされるのである。しかし、刑の目的に対する責任主義の制約をどの領域でどの程度まで貫徹すべきかという問題は、困難かつ微妙な点を含んでいるのであり、そのバランスは、各論的に、たとえば量刑論の分析という形で、より具体化されなければならないであろう。ここではただ、佐伯博士の可罰的評価という発想が刑罰目的との連携を可能にしやすいこと、しかしなお、それにもかかわらず責任主義が応報的性格を排除しえないものとして理解されていることを指摘することで満足しなければならない。(2)

(1) 佐伯『刑法総論』昭一九、九八頁以下参照。応報刑論に内在する国家主義的方向への危険性が全く無自覚に見すごされていたわけではないことは、ラレンツの刑罰論の紹介論文の中で、「但しそれが一歩誤れば中世の害悪刑謳歌に脱線する怖れと、行刑改革への努力の否定に顚落する危険があることを心せねばなるまい」とされていたことからも知ることができるであろう(ラレンツ「刑罰の本質について」法学論叢三四巻六号、昭一一、一〇一七頁参照)。

(2) 責任と目的との関係をいかに把握すべきかという点は、すでに戦前から佐伯博士の強い関心事であったということができる。「責任と危険性」(法学論叢四一巻五、六号、昭一四)がこの問題を追求したものである。戦後の論文としては、とくに、「刑の量定の基準」(刑法講座一巻、昭三八)が注目されるべきであろう。この点は、刑法改正問題とも関連して、現在でもなお論議されている重要な論争問題であるといってよい。ただ、佐伯博士が、「責任評価を前提としつつ、しかもそれにとらわれないいわゆる可罰的評価という独立の領域の存在を認める必要が生ずる」(刑法講座一巻一三三頁)とされるとき、たしかに責任主義は大枠として前提とされているが、これにとらわれない可罰的評価に独自の重要性が付与されているようにも考えられる。目的に対する濫用の制限という発想も、むしろ目的論をベースとした考え方を思わせるものである。したがって、佐伯博士の刑罰論を典型的な旧派応報刑論と見ることには、原則的な留保が必要なように思われる。

四　客観主義論

次に、犯罪論における基本的な対立点である客観主義と主観主義についての佐伯博士の見解の特色を問題としなければならない。

佐伯博士は、客観主義と主観主義の対立を犯罪観における対立であるとして、次のように特色づけられる。「客観主義というのは、犯罪を考察する場合に、それが発生させる結果や被害の大小とか、その行為の手段・方法その他の外部的・客観的な側面に重点をおく立場であり、主観主義は反対に、そのような行為を行ったところの行為者の意思から性格にまでさかのぼって、その主観的側面に重点をおく立場である」（『刑法講義（総論）』昭四三、五〇頁）。そしてこの点では、佐伯博士は明確に客観主義の立場に立ち、上述したように、これを処罰目的の制約原理として位置づけられているということができる。この点は戦後になって、より自覚的な形で展開されるようになったといえようが、以下では、戦前との若干の比較を含めて、主要な問題についてその特色をさぐってみることにする。

まず、罪刑法定主義論についてはのちに独立に扱うが、これに関連した犯罪行為の類型的把握、つまり、いわゆる構成要件と違法ないし責任阻却事由との段階的把握が注目されるところである。類型的把握と原則・例外型による処理は客観主義にふさわしい斉一的処理を志向するものといってよいであろうが、「可罰的違法類型」という考え方の中に、すでに実質的違法性との有機的関連が予定されており、単純な形式的客観主義をこえるものがあることが注意されなければならないであろう。(1)

次は、違法性の本質についてであるが、違法とは客観的法秩序に矛盾すること、具体的には何らかの法益を侵害または脅威することを意味するとされている。その判断は客観的なものであって、動物や自然現象についても違法判断が可能だとされるのである（違法状態）。違法の判断が行為者の主観的能力に依存しないという意味で客観的違法論の一つの徹底した立場に立つものといってよいであろうが、いわゆる主観的違法要素は部分的に留保されている。次に、実質的違法の基準は具体的・歴史的な現実の国家秩序であるとし、違法評価の時代的変化が指摘されるが、さらにその実質を義務違反や人的不法などの行為無価値ではなく、何よりも法益の侵害または脅威という結果無価値におくべきことが強調されるのである。そこに、違法の主観化と倫理化を拒否する原則的態度を見ることができるが、それはとくに『刑法講義（総論）』（昭四三）の中で明確にされたところである。(2)

未遂犯の違法性も、法益侵害的結果惹起の可能性として客観的に把握され、実行の着手でも客観説が維持されるが、不能犯では具体的危険説が採用されることによって、行為者の主観も副次的に考慮されることになる。しかしこの点では、戦前の『刑法総論』（昭一九）はかなり主観的であって、「法の権威に対する行為者の明白なる叛抗意思」の中に未遂の違法性が見出されていたことに注意しなければならない。最後に、共犯論においても、限縮的正犯概念と共犯従属性説が堅持されることによって、実行行為を中核とする処罰範囲の客観的な形式的安全性が目ざされているということができよう。ここでは、実質的志向も部分的に制約され、共謀共同正犯が否定される反面、行為共同説によって過失犯にも共犯が可能とされるという側面も見られるのである。(3)

（1）この点は、戦前以来一貫してかわっていないといえよう。佐伯博士の見解は、形式的一律による明確性よりも、むしろ実質的なものの類型的把握を目ざすという意味で、実質的客観主義の名にふさわしいように思われる。

（2）客観的違法論の主張は、戦前の『刑法総論』（昭一九）にも、戦後の『刑法総論』（昭二七）にも等しく見られるが、注目されるのは、戦前の『刑法総論』（昭一九）においても、違法の実質がなお、「国家によって承認せられた団体又は個人の生活利益・生活価値を侵すことによって」国家自身の存立、発展を直接あるいは間接に侵害脅威することであるとされており、当時抬頭していた「義務違反性」や「臣道背反」は別の問題であるとして排除されていたという事実である（一七四頁参照）。この点は、犯罪ないし違法を人倫ないし道義違反と無原則に同一視する傾向が原則的に拒否されていたことを示すものといってよいであろう。なお、違法阻却論における法益衡量説も戦前からの主張であり、可罰的違法性論も、すでに違法軽減事由論としての戦前の見解に由来するものといえよう。

(3) 共犯論の基本的な考え方は、戦前からほとんど変化はないといってよいように思われる。共犯論における主観主義と客観主義の対立点がどこにあるかということ自体問題であるが、ここでは深く立入らない。なお、不能犯論における具体的危険説への転換は、戦後の『刑法総論』（昭二七）において果たされていた。

五　罪刑法定主義論

罪刑法定主義論は、佐伯博士によって、すでに戦前から刑法における基本的な原則の一つとして位置づけられてきていた問題であるといってよい。最も初期の時代の著作が、牧野博士による罪刑法定主義の解消と類推許容論への明確な批判であったことが特徴的だといってよいのである（「刑法における法治国思想の展開」法律時報三巻八号、昭六）。そこでは、罪刑法定主義がフランス革命による近代的自由の要求の刑法への反映であり、刑罰が必要悪であることの認識から出たものであるとして、「教育刑主義が罪刑法定主義により制約されねばならない。絶対的不定期主義と類推は之を積極的方面に於ては否定すべ」きであると明言されていたのである。その後、ソ連のみならずナチス・ドイツでも罪刑法定主義が否認され、類推許容規定が導入されるという状況の中で、罪刑法定主義を議題とした国際会議の報告が紹介され（ソルナール「罪刑法定主義の維持か抛棄か」論叢三七巻六号、昭一二）、瀧川博士の罪刑法定主義論への批評もなされている（瀧川幸辰「犯罪論序説」論叢三九巻一号、昭一三）。罪刑法定主義が罪刑法定の単なる宣言ではなく、実際には刑罰法規の類推を許すか否かの問題であるという考え方は、すでにこの時期からあらわれているということができる。(1) 戦前の『刑法総論』（昭一九）では、「罪刑法定主義とは、或る行為が罰せられる為めには、其の以前に、予め其の行為が犯罪たるべき旨を定める成文法がなければならず、又それに科せられる刑罰の種類及び程度も右と同じ成文法によって明かに定められてゐなければならないとなす原則であ」ると定義され、その淵源はイギリスのマグナ・カルタからアメリカの権利章典を経て一七八七年のオーストリア刑法、フランスの人権宣言八条へと結実したもので、旧憲法二三条はこれを宣明したものだとされている。罪刑法定主義の派生原則も具体的に明示されている。問題は、当時におけるナチス思想の抬頭と国家主義への傾斜が罪刑法定主義論にどのような影響を及ぼしたかという点にある。しかしこの点については、「然るに近時自由主義の退潮と共に此の主義に対する疑惑も漸く熾烈となって来たが、問題は主として類推適用は許されないという教説を維持すべきや否やといふ形で論議されてゐる」として、客観的な叙述の形式で書かれ、積極的な評価は慎重に留保されているのである。なお、類推解釈をめぐる論議については後述する。(2)

さて、戦後は、新憲法の下で罪刑法定主義が自覚的に強調されるようになるのであるが、佐伯博士の場合には、戦後当初の著作の中で、とくにそれが手続法的な保障規定との関連で実践的に位置づけられた点に特色があるといってよいであろう(「新憲法と罪刑法定主義」法律新報七三巻八号、昭二二)。それとともに、ここでも類推解釈の問題が宣言的レヴェルをこえた現実的に重要な問題としてうけとめられている点が注目される。この基調は、戦後の『刑法総論』(昭二七)を経て『刑法講義(総論)』(昭四三)でも変わっていないが、歴史的解釈として、「人類は、ファシズムと第二次大戦の痛切な経験によって、罪刑法定主義が、手軽に放棄されてよいような原則ではないことを深く自覚させられたのである」という明確な判断が提示されるにいたったのである。(3)

(1) 佐伯博士は、『犯罪論序説』が、長い序文のなかで、罪刑法定主義を固守するという立場を宣言しながらも、一方で解釈の自由をみとめるとすれば、許される解釈と許されざる類推の限界をどこに引くべきかという困難な問題が生ぜざるをえないことを指摘されている（論叢三九巻一号、一五四頁参照）。なお、瀧川博士の罪刑法定主義については、本書九六頁以下参照。

(2) 日本法理への傾斜にもかかわらず、罪刑法定主義の緩和を要求する主張は見られないといってよい。しかし、ナチスによる罪刑法定主義の否定と類推許容規定の導入が、ドイツに見られた頑な刑法解釈の態度によって惹起された当然の反動であるとしたり、また日本的な国民意識の下では、煩瑣な犯罪類型の規定方法はふさわしくないといった叙述には問題が含まれていたというべきであろう（『刑法総論』昭一九、五六、一一〇頁参照）。

(3) 『刑法講義（総論）』昭四三、九二頁。なお、戦後当初の時期における歴史的評価は次のようなものであった。「わが国においては、従来、前記の罪刑法定主義の諸要請は学説および判例によって一般に尊重せられてきた。ただ、類推の問題に関しては学界の大勢は、むしろ、これを許容せんとするに傾いているし、判例もまた必ずしもそれを拒否するの態度に出てはいない。これにたいして一、二の有力な学者は、刑法は犯人のマグナ・カルタであるというリストの言葉をかかげ、刑法の類推適用を許すべからずと主張してきた。それらの人によれば、類推を許すがごときは法における自由の保障の重要性を知らぬ反動的な理論であるということになるのである」（「新憲法と罪刑法定主義」『刑事裁判と人権』昭三二、七五頁）。

六 刑法解釈の方法論

上述したように、佐伯博士の場合には、刑法解釈の問題は、類推の許容性と関連して、常に罪刑法定主義にかかわる重要な問題として位置づけられてきたということができる。

佐伯博士がその最も初期の著作で、類推はこれを積極的方面においては否定すべきであるという態度を明示されていたことについては上述した（書評「刑法における法治国思想の展開」法律時報三巻八号、昭六、六三頁）。では戦前の『刑法総論』（昭一九）ではどのような態度がとられていたのであろうか。そこでは、法の解釈一般に妥当すべきいわゆる目的論的概念構成が、罪刑法定主義の下での刑法の解釈にいかなる影響を及ぼすかという観点からアプローチがなされているが、一般的な前提命題としては、憲法（旧）二三条の精神を尊重せねばならないとしつつ、「法解釈の本質に顧み、罪刑法定主義の要求に基く刑法解釈の特殊性の誇張に陥らぬように注意せねばならぬ」とされていたのが注目される。そして具体的には、許される拡張解釈と許されざる類推解釈とを理論上区別する明確な標準はなく、二者の区別は程度論であって、「我々はむしろ各個の刑罰法規の目的に従って為される目的論的解釈の範囲内にある限り、類推と雖も許されると解すべきである」と結論されたのである。つまり、法規の目的論的解釈は法文の語句の文法的意味をこえることがありうるが、明文の根拠がなく単に法秩序全体の精神を援用した刑事政策的必要からの処罰は許されないとされるのである。(1)

これは類推許容論への転換のように思われるが、その実質的理由は明示されていない。しいていえば、頑なる刑法解釈をとることがかえってドイツのように明文の類推規定を生み出すので、わが国では比較的ゆるやかな解釈でさしつかえがないと見られたためでもあろうか。そこには、裁判官など法の運用者に対する大きな信頼を日本法の特色だとする日本法理からの影響を否定しがたいように思われるのである。(2)

さて、戦後はどうか。戦後当初の著作では、刑法の解釈が慎重な上にも慎重に行われるべきものであるが、解釈と類推とを区別する標準がないことからも、この区別の上に立つ類推禁止論は裁判官の坐右の銘としての意味のほかに果たして幾何の実際的意義があるかを疑うとされたのである。たとえ類推不可と定めても、拡張解釈の論理を用いて容易にその禁止を回避しうることからすれば、「類推禁止さえ叫んでおれば人権保障が全きを得ると考えることは、じつは、たあいもない自己偽瞞でしかない」といわれるのである。(3)では問題はどこにあるのか。刑法の解釈に関する独立の論文がそれに答えるものであった(「刑法の解釈」季刊法律学二〇、二二号、昭三一)。そこでは、類推禁止をゆり動かすものとして目的論的概念構成が正面から問題とされ、個々の法案の目的の顧慮がたとえ不可避だとしても、それがややもすれば誇張され易く、容易にその限界を逸脱する危険を内含していることに注意しなければならぬとされ、その具体的分析が目ざされることになった。その際基準として提起されたのは、「法典の語句の言葉——日本語——として可能な意味の限界」という命題で、これをこえれば類推だとされるのである。そして、行きすぎた目的論的解釈として、戦後の一連の占領法規関係の判例があげられるとともに、電気窃盗やガソリンカーのケースも類推の疑いがあるとされたのである。(4)
このような考え方が『刑法講義（総論）』（昭四三）に踏襲されたが、そこでも、「刑罰法規の法文、語句は、それが日本語として有しうる限界を超えて解釈適用されてはならない」という制約がつけられている。なお、手続法上の人権保障との結合が強調されている点も注目されてよいであろう。(5)

（1）『刑法総論』昭一九、一一〇—一一一頁参照。これは明らかに類推を許容する主張であるといってよいが、初期の類推否定論からどうして転換が行なわれたかという点についての説明はない。また、牧野博士をはじめとする当時の類推許容論との異同についても言及はなされていない。ちなみに、木村博士の著作の書評の中でも、その類推許容論は紹介されているだけで、批判的なコメントは一切ついていないのである（木村教授「刑法解釈の諸問題」第一巻、論叢四二巻一号、昭一五）。
（2）『刑法総論』昭一九、一〇四頁参照。もっとも、刑法の解釈が民法のそれと異ならず、法の解釈の一般の原理がそのままあてはまるとされていたのではなく、刑法解釈の特殊性を誇張すべきでないというのが真意であったともいえよう。しかしそのためには、より具体的に、許容の限界を明らかにする努力がなされるべきであったように思われる。なお、刑を軽くする方向には、法の解釈原理が無条件にあてはまり、阻却原因は網羅的である必要はないとされ、この点での刑法の軟骨化という非難は当たらないとされていたことは注目されてよいであろう(『刑法総論』昭一九、一一三頁参照)。

(3) 「新憲法と罪刑法定主義」『刑事裁判と人権』七八—九頁参照。これは、類推拒否の問題を宣言のレヴェルではなくその具体的な内容と現実的な効果との関連において考察すべきであるとする点で、重要な問題提起だといってよいであろうが、しかしこのことによって、戦前末期の類推許容論が正当化されると見ることには疑問がのこらざるをえないように思われる。現に佐伯博士は、一党、一階級が専断的支配をほしいままにする時代に類推を許容するときは不法な人権侵犯の危険があるとされている。しかし同時に、旧勢力が一掃され、人民と主権と人権が確保された社会では、刑法の解釈も必要な慎重さを失わぬ程度に積極的建設的であってよいともされていたのが注目されよう。

(4) 佐伯博士によれば、旧大審院の判例が濃厚に目的論的解釈の傾向を示しており、たとえば治安維持法の目的遂行行為のようないちじるしい場合もあったが、一般的にはなお慎重な態度を失ってはいなかったといえるが、戦後の占領法規ないし管理法令の解釈にはいちじるしくその限界を逸脱したものが見られ、それは占領軍当局の干渉によるものが多かったという分析がなされている(『刑事裁判と人権』三四二頁以下参照)。

(5) ここでは、電気窃盗は再び拡張解釈の例とされているが、しかし、問題は論理形式の点にあるのではなく、法文の意味の限界におかれているというべきであろう。

七　結　語

佐伯博士の刑法学の方法論的な論点を全体として歴史的に位置づけることはかなり困難であることをみとめなければならない。一方では、戦前と戦後に基本的な立場の相違があるように見えながら、他方では戦前の業績の多くのものが基本的に戦後にもうけつがれていることも事実として否定できない。したがって問題は、どの部分が変更または修正され、どの部分が不変のまま貫徹されているのか、またその変化と発展はいかなる方向性をもっているかを、相互連関性を保持しながら分析しなければならないということになる。以上の不十分な概観は、その問題性を自覚させたにとどまるといえるかもしれない。

さて、佐伯刑法学の特色として指摘しなければならないのは、第一に、その歴史的な分析方法であって、これは、すぐれた書評にも、また解釈論の著作にも一貫してあらわれているといえよう。慎重で冷静な筆致のなかにはげしい攻撃の情熱がかくされているように思えるのである。そして、佐伯博士の学説そのものは、あたかもすきのない防壁でうちかためられているようにさえ思われる。

しかし、以上の検討の中からなお問題だと思われるのは、佐伯博士の研究の出発点と戦前末期までの距離とそのプロセス、そしてやはり最大の問題はナチスの思想との関連である。国家主義への傾斜の下で自由主義はどのような運命をたどったのか、社会主義への関心はどのようにして生じ、また後方に退いたのか、道義的責任が法とモラルの統一を志向しながらなぜ法益説を維持しえたのか、新派の社会防衛論はどのように評価されるようになったのか、治安維持法をはじめ治安刑法はどのように評価されていたのか、といった点について、なお疑問を留保しなければならない。その意味でも、以上の概観は多くの本質的な問題をのこしているといわざるをえないのである。

第6章 団藤博士の刑法思想

一 序

団藤重光博士は、旧派の陣営に属する著名な刑法学者として、とくに戦後の時期において、最近にいたるまで長期にわたる広い影響力をほこる存在であったことは、周知のところである。学界のみならず、実務界への影響力においても、団藤説は多くの場合「通説」の名を冠せられることが多かったことは事実であるといってよいであろう。

団藤博士には刑事訴訟法に関する業績も多いが、本稿では刑法に関する業績の中から、とくに基本的な方法論にかかわる問題を抽出して、若干の考察をこころみることにする。これまで検討してきた諸家との関係でいえば、小野博士との関連が最も密接であり、基本的にその路線に従われるように見えるのであるが、同時に、たとえばその人格責任論にあらわれているように、新派への接近ないし統合を目ざされる点が注目されるところであるといってよい。また、後に扱う予定の平野博士の所説との対抗関係にも注目しなければならないであろう。

以下では、これまでの手法に従って、まず基本的観点とその変遷を概観したのち、いくつかの原則的な論点についての団藤博士の所説をフォローしてみることにする。(1)

(1) 団藤博士の業績については、まとまった一覧表が見あたらないので、個別に集めるという方法をとらざるをえなかった。なお、団藤博士の刑法理論を扱ったものとして、木田純一「団藤教授の人格責任論」『戦後日本の刑法学』昭和四七、五一頁以下、参照。

二 基本思想とその変遷

団藤博士が研究活動を開始されたのは昭和一〇年以降のことであり、時期的に見れば、国内的には京大事件を経過したあとの思想統制と軍国主義的思潮が定着し、国際的にもすでにナチス政権樹立後の時期にあたることにまず注目しなければならない。初期の思想形成期としては好ましくない不運な時期であったということができよう。

団藤博士の刑法学説がまとまった形で展開されるのは戦後の時期であって、一見したところ戦前には刑法の基本問題に関する積極的な自説の主張は見られなかったように思われる。それは、一面では、刑事訴訟法の研究に主たる関心が向けられていたという点にもとづくのであろうが、他面では、困難な状況の中で態度決定を留保する慎重さにも由来するもののように思われるのである。しかしそれにもかかわらず、すでに戦前の時期において、団藤刑法学の基本的な枠組みと視点が準備され形成されていたことは疑いないところである。それは、まとまった形での自説の展開としてではないが、主として当時の法学協会雑誌の中に丹念にフォローされていた書評や文献解題の中から、間接的な形でこれをうかがうことができる。

今これらの叙述を見ると、その大部分が当時の内外の刑法思潮と刑法文献のきわめて忠実で的確な客観的紹介であって、博士自身の批判的見解の開陳は慎重に留保されているのを見ることができる。しかしそこには、評者自身の取捨選択と問題意識がおのずからあらわれていることも事実である。以下、この点をうかがわせる若干の例をあげてみよう(1)。

まず、当時の刑事法学界の消息の中では、とくにナチス刑法理論の影響という点に最大の注目が集められているのであるが、団藤博士の初期の対応は次の叙述の中に見ることができよう。

「……ナチスの理論であっても卻くべきは卻けると同時に採るべきは採るのが真理に忠実なる所以であって、これを黙殺することを以て能事了れりとすべきでないのは当然である。唾棄《だき》すべきはただ無責任な迎合者流のみである」（法協五五巻一二号一六三頁、昭一二）。海外の学界消息においても、キール学派の投じた「全体的観察」の一石がきわめて強い影響を与えている状況が客観的に描写されているが、部分的にこれに抵抗する学説の動きも紹介され、迎合的礼賛の姿勢は見られないといってよい。むしろ、瀧川博士の『犯罪論序説』の紹介の中で、権威国家とか文化国家とかいう理念でもって問題が解決されるのではなく、現実の基盤を基礎とせねばならぬことの強調はきわめて正当な主張であるとして、瀧川博士の立場に賛成されていたのが注目されるのである。(2)

次に、同じ旧派の陣営内部における、小野博士および佐伯博士との関係が問題となる。小野博士の『法学評論上』の紹介から知りうる限りでも、全面的な景仰の念が見られるのみで、批判的な観点は存在しない（法協五六巻一一号、一二三頁、昭和一三参照）。一方、佐伯博士の『刑法総論』の書評でも、日本法理に傾斜した道義的責任非難の観点を、すでに「小野博士の多年強調してこられたところであって、刑法学の正しい動向を示すものというべきである」と評価されているのが注目を引くのである。(3)

では次に、主観主義の牧野、木村両博士の所説への対応はどうであったか。牧野博士の著作に対する初期の対応は客観的な紹介にとどまるという慎重さが見られたが、すでに木村博士の『刑事政策の基礎理論』の書評（昭一九）になると、公然たる新派批判がくりかえされるようになるのである。それは、結論的に、犯罪の法的、規範的意義を没却し、機械的決定論の立場から人間を客観的にのみ把握する「運命的な人間観」が、主体的に把握されるべき真の具体的人間観を埋没させてしまう点で不当であるという批判に帰結されるものであったといえよう。そしてそこから、新派の教育刑論が合理主義と功利主義にもとづく低次元のものにとどまるのであって、犯人の人格を主体的に把握することによって、これを真の道義的教育刑にまで高めなければならないと主張されたのである。(4)

以上が戦前における団藤博士の基本的対応であったとすれば、それは基本的に小野博士の立場をうけつぐものであったといいうるであろう。(5)

では、戦後はどうであろうか。戦後初期の団藤博士の問題関心は、刑法の近代化、とくに新憲法による封建性の駆逐という観点から刑法一部改正の内容の検討におかれていたといってよいであろう。『刑法の近代的展開』（昭二三）所収の論文をはじめ、戦後の刑法一部改正を扱った論稿がかなり多いのである。そこでは、後進性をになった日本資本主義の封建的要素を駆逐することが新憲法の役割りであるとされ、官僚主義の打破、法の下の平等、人権の尊重などのスローガンが高らかにうたわれている。(6)

しかし、この戦後初期においても、刑法における科学性とともに人間性が根本的要請であるとして、人間の人格的主体性という、かつてからの主張を新憲法上の個人の尊厳から基礎づけるこころみがなされている点が注目される。この点は、刑法の一部改正が執行猶予を拡大したことを刑の本質に関する教育刑主義への傾斜とし、新派刑法学への転換と見る考え方への原則的な反論という意図をもって主張されたものであったということができる。それは一方で、犯罪論における客観主義と罪刑法定主義の擁護を目ざすものとして積極的意義をもつものであったといえようが、しかし他方では、刑法の倫理的意義が再び強調されることによって、戦前の国家的道義刑法との訣別を相対的にあいまいにするおそれがあったことも否定しがたいように思われる。(7)

この点で、団藤博士の戦前から戦後への移行過程における変化を示すものとして、さきにふれた戦前の論文「行刑と刑事訴訟との関聯」(昭一八)の戦後における改訂の内容が注目されよう(「刑事訴訟と行刑との関連」『刑法と刑事訴訟法との交錯』昭二五、所収)。結論的にいえば、そこでは、国家的道義秩序の維持とこれに奉仕すべき道義的教育刑の直接的な強調という点は後方に退き、より冷静なアプローチへの転化が見られるが、それはなお相対的な色調の緩和にととどまり、基本思想そのものの明確な転換を意味するということはできないように思われる。そこには戦後状況への旧理論のあてはめにおける苦しい試練のあとを見ることができよう。(8)

さて、その後の団藤刑法学は、人格責任論の本格的な展開(「人格責任の理論」法哲学四季報二号、昭二三)、新社会防衛論との異同(「あたらしい社会防衛論と人格責任論」木村博士還暦論集上巻、昭三三、所収)、自由意思による責任の主体的基礎づけ(「刑法における自由意思の問題」尾高追悼論集、昭三八、所収)などによって自覚的に形成され、それが体系書に集約され総括されたものということができよう(『刑法綱要総論』初版昭三二、改訂版昭五四)。その内容上の特色については、のちに若干の基本的問題について個別に検討を加える予定なので、ここでは団藤刑法学の最も基本的な特色と一貫して流れるモチーフが「刑法における主体性の問題」という点に帰結されることを指摘するにとどめる。この点は、団藤博士自身が東大での最終講義に選ばれたテーマでもあったのである(「法における主体性」法学協会雑誌九二巻四号、昭五〇)。(9)

なお、最後に、刑法改正問題に対する団藤博士の対応にも触れておかなければならない。さきに戦後の刑法一部改正への団藤博士の関心について触れたが、昭和三一年にはじまる刑法の全面改正作業には、改正刑法準備会の段階から、準備草案(昭三六)の起草を経て、法制審議会刑法改正特別部会とそれによる改正刑法草案（昭四九）の作成にいたるまで、一貫して重要な構成メンバーとして参加されたことは周知のところである。ところがこの改正作業については、その基本理念と方向について原則的な批判が提起されたことも事実である。そして、むしろ刑法理論の現代的な問題状況は、この刑法改正問題への対応の中で実践的に検証されることになったといってよいであろう。いわゆる「対案グループ」が批判的観点を闡明する中で、団藤博士の対応が注目されたのであるが、個人的意見としては草案に種々の点で批判もあるとして、その見解を公表されたのである（「刑法の全面改正について——主として草案の批判」ジュリスト五七〇号、昭四九）。それは、不真正不作為犯、共謀共同正犯、名誉毀損罪、企業秘密漏示罪などの規定について、さらに特別法の吸収の点についても草案を批判するものであったが、むすびとして、これが「治安立法にしばしば見られるような強引なやり方で法律化されることは国家百年の大計をあやまるものといわなければならない」とされ、慎重さを要請されたのが注目されるところである。かなり原則的な批判を留保されながら、なぜ全体として草案の内容による刑法改正に賛成されたのかという点に、率直にいってなお微妙な態度決定を見ることができるように思われるのである。(10)

（1）　戦前の法学協会雑誌の目録から拾ったところでは、まず学界消息として、「刑事法学界の消息」（法協五五巻一二号、昭一二）と、「刑事法海外消息」（法協五八巻五号、昭一五）があり、新刊紹介としては、外国のものとして、「アーレンツ著、スチューベルの刑法学説とその変遷」（法協五六巻八号、昭一三）、および「ジーゲルト・ドイツ経済刑法」（法協五八巻七号、昭一五）、日本のものとして、「正木亮・新監獄学」（法協五九巻六号、昭一六）、「木村亀二著・刑事政策の基礎理論」（法協六二巻一号、昭一九）、および、「佐伯千仭著・刑法総論」（法協六二巻七号、昭一七）などがあり、その他、刑事法関係の内外文献の簡単な内容紹介が、ほとんど毎年にわたって数多く行なわれている。

(2) 法学協会雑誌五六巻九号、九五頁、昭一三参照。ここでは、牧野博士と瀧川博士の論争が意識されている。ナチスの思想をもって、資本主義が無産階級および民衆主義に対する決戦において独裁という最後の陣地に退却したものだとするラートブルフの言葉の引用が目につくとされたのち、「ここで我々は社会的地盤を如何にして把捉すべきか、殊に精神的な領解を必要とするものではないか、という極めて重要な問題に逢着するであろう」として、この問題がうけとめられている。それは、今後の課題であるとして、結論は留保されたのであるが、その後、この課題がどのように解明されたかという点が問われなければならないところである。

(3) ここで注目されるのは、団藤博士が戦前の佐伯刑法学がもっていた二つの側面のうち、倫理的実践の主体としての人間観を強調する道義的責任非難の側面を全面的に支持する一方、他方では、「責任↓目的↓刑罰」という提言にあらわれた刑罰目的との合理的結合の側面を技術的、機械的な分析的思惟として排除しようとされた点である。団藤博士は、この段階（昭一九）では明らかに、哲学的・形而上学的な省察にもとづいた道義的責任論の立場を堅持するとともに、目的との結合の有機的関連性を責任の拡大と優位において、つまり責任の中にすでに目的が内在するという形で統一しようとする志向をかためられていたということができるであろう。いわゆる人格形成責任論がその具体化であったことはいうまでもない。佐伯博士との間のその後の関係についていえば、構成要件論に見られる類型的思考に共通性がありながらも、さきほどの二つの側面のうち、佐伯博士が第一の道義的側面を抑制してむしろ第二の目的論的側面に傾斜されたと見られるのに対して、団藤博士は、その後も基本的に第一の側面を固持しようとされる点に、その後の相違の根拠が見られるといってよいであろう。

(4) 団藤博士は、木村説の批判に関連して、フォイエルバッハの一般予防説とリストの特別予防説とが一面において対蹠的でありながらも、合理主義・功利主義の点において同一の地盤に立つものとして理解されるべきものとした上で、真の道義的立場はフォイエルバッハ＝リスト的立場に反対するものであるとされているのが注目されるところである。前段の分析は、佐伯博士も同じく指摘されていた点であるが、むしろその方向に親近性を示されるようになった点に、ここでも団藤博士との相違を見出しうるであろう。道義的応報刑は、リストのいわゆる市民的改善では決定的に不十分であるとし、道義的改善と内的贖罪を要求するのである（法協六二巻一号、一一八頁、昭一九参照）。なお、行刑論の分野における当時の団藤博士の見解は「正木亮・新監獄学」の書評の中にも、かなり明瞭な形であらわれていたということができる。そこでも、啓蒙主義的な社会契約説的国家ではなく、民族的・歴史的な国家における倫理と道義が行刑の基礎になければならないことが強調されている（法協五九巻六号、九四頁、昭一六参照）。さらに団藤博士は、「アーレンツ著・スチューベルの刑法学説とその変遷」の書評の中で、主観主義・特別予防論がナチス刑法学の立場から改めて回顧されている点に、それが専制主義的契機を内在させていることがわかるとして批判されているのであるが、道義的応報刑論もまた、権威主義と国家主義による贖罪という形でナチスの思想につながる道筋については、何らの指摘も存在しない点に問題があるといえよう（法協五六巻八号、二四二頁、昭一三参照）。

（5） 団藤博士の人格責任論は、戦後に本格的な展開を見せるのであるが、すでに戦前末期にその主張がかなり明確な形で指摘されていた点に注意しなければならない（「行刑と刑事訴訟との関聯」刑政五六巻四号、昭一八、六頁以下参照）。そこでは、この考え方が、レンツおよびメツガーに由来し、日本ではとくに「人格といふものを、実証学派的にではなく、形而上学的に把握すべきである」とされる小野博士の思想に負うものであるとされていたのである。この論文は、団藤博士の戦前の基本思想を知る上で重要であり、興味深いものがある。そこでは、明確に国家道義が説かれ、市民的改善ではなく国民的な道義的改善と贖罪が主張され、行刑の法律化にも原則的な疑問が付されていた。なおこの論文は、戦後書き改められたが、その変化については後述する。

（6） 刑法の一部改正についての当時の団藤博士の立場について、なお二、三の点を付加しておこう。基本的な観点と方向に賛成されながらも、一方では改正の不徹底さを、他方では行きすぎだとする点も留保されている。たとえば、尊属殺の規定も削除すべきだといわれていた点が注目されよう。逆に、皇室の罪の全面削除や、外国元首の特別保護規定の削除にも疑問を呈されていたことも記憶されてよいであろう。安寧秩序の罪の全面削除も、日本の前途に横たわる経済的・社会的多難をおもえば時期尚早ではなかったかというおそれもあるとされていたのである（「刑法の一部改正について」法律タイムズ二巻二号、三一頁参照）。なお、将来の見通しについては、これが新憲法に即応する最小限度の応急的改正であって、そろそろ全面改正が検討されてもよいとされており、その際、「改正仮案もできていることだ」として、何らの留保なく仮案に言及されているところが注目されるべきであろう。（『刑法の近代的展開』昭二三、二六四—五頁参照）。

(7)　団藤博士は、戦後の民主主義も、倫理的無政府主義におち入ってはならぬとし、犯罪の倫理性を無視する方向に向かうことはできないことを強調されている。そして、新しい倫理の確立が急務であることが説かれている。しかし、倫理を刑法の基礎にすえるということが、具体的にいかなる方向にどのような効果をもたらすべきものなのかという点が不明瞭なように思われる。それが、広く国家刑罰権を正当化する方向にいたる危険はないかという点の反省が要請されるべきであろう。

(8)　団藤博士は、この論文を戦後書き改められた際、旧論文がなぜ書き改められなければならなかったのか、またどこにそのちがいがあるのかという点については、全くふれられていないが、この点にむしろ問題があるのではないかと思われる。その微妙な相違をせんさくすることが目的ではなく、ここでは、戦後の人権思想と自由主義、刑罰権の制約と謙抑主義といった時代状況の中で、国家主義的な全体思考にどの程度の自己批判が加えられたのかという点が重要な検討課題だと思われる。なお、団藤博士が、戦前、いわゆる戦時立法の解説において、一方ではその濫用をいましめられてはいるが、他方では保障機能を制限する戦時立法が一般法制のパイオニヤーたる機能をもつものとされ、刑法における客観主義が自由主義的なものではないとさえいわれていたことも想起されるべきであろう（「国防保安法の若干の検討」法律時報一三巻五号、昭一六、七頁参照）。人権思想への転換を確認することの意義はきわめて大きいと考えられるのである。

(9)　そこでは、人間の主体性こそが、人間の疎外を阻止して自由と責任を基礎づけるとともに、科学主義の独走をゆるさず、哲学的英知でもってこれをコントロールすることができるという趣旨が格調高く語られている。しかし同時に、国家が人間の内なるものに対してまで立入ることがないように警戒しなければならないことが指摘されているのが注目される。また別の論文でも、古典派の中に全体主義的・権威主義的な立場のあることがみとめられているのである（「あたらしい社会防衛論と人格責任論」木村還暦上、六四〇頁参照）。古典派の客観主義・罪刑法定主義は本来、人権の保障に向けられたものであるといわれるのであるが、それがなぜ、全体主義と権威主義に転化せざるをえなかったのか、その転化を阻止するものは果たして何なのかという点が問われなければならない中心的問題であるといえよう。

(10) この論文の中では、騒動予備罪の新設などを例として、草案の反対者がその治安立法的性格を云々するのも、かならずしも的はずれとはいえない面があること、学界からの批判的意見にも共鳴を感じるものが少なくないこと、保安処分についても、施設の人的・物的設備、要件と危険性の認定手続の明確化が鍵であること、さらに、拘留を九〇日以下にまで強化した点も、代用監獄としての警察の留置場の廃止や執行における処遇の配慮をぬきにしてはとうてい肯認されえないことなど、かなり本質的な批判点が含まれているのが注目されるのである。

三　応報刑論

団藤博士が応報刑論の立場に立たれることは周知のところであるといってよい。しかし具体的にその特色を見きわめることは必ずしも容易ではないように思われる。刑罰の本質をテーマとして特別に論じた文献は見出しがたく、教科書の当該部分の叙述も比較的簡単であって、むしろ客観的かつ謙抑的であるように見えるからである。しかし、以下では、教科書（『刑法綱要総論』改訂版、昭五四）を中心として、団藤博士の刑罰論の特色を可能なかぎりをさぐってみることにする。

まず、「刑罰は犯罪のゆえにその行為者に加えられる国家的非難の形式である」と定義される。それが犯罪に対する非難という性質をもつことから帰結されるのは、第一に、刑罰が犯罪と均衡を保つものであること、そして第二には、非難としての刑罰が本質的に規範的・倫理的なものであることの二つの点であるとされる。前者の罪刑均衡という点は、罪刑法定主義に関連する罪刑の法定の適正に由来する原則として位置づけられているが、この均衡は私法的な利益調整の観点からではなく、全体と個体との関係を規律する配分的正義の立場から、社会倫理的評価にもとづくものでなければならないとされている点が注目されるところである。次に後者は、刑罰の規範的・倫理的性格を指示するもので、倫理的に無色な保安処分から本質的に区別されるのである。(1)

次に、応報の意味ついてであるが、団藤博士によれば、刑罰は犯罪に対する非難として加えられるという意味で、かつそのような意味でのみ「応報」であるとされる。応報刑というものを非人道的なものと考えてはならず、犯人に無用の苦痛や害悪を加える非人道的な刑罰は許されるべきではないとされるのである。ではなぜ応報刑論がとられるのであろうか。それは、古典派と近代派の刑罰論、そしてその前提としての責任論の歴史的論争に対する団藤博士の態度決定からの帰結である。

団藤博士によれば、啓蒙思想ないし合理主義的自然法思想以来の刑法理論は、種々の差異はあっても、根本において人間の理性から出発し、犯罪と刑罰との均衡を考える点に、ほぼ共通の特徴があり、犯罪に対する責任を問うものである点で道義的責任論であり、犯罪と刑罰との均衡を考える点で応報主義であるとされる。これが古典派（旧派）であるが、近代派（新派）はこれに対して、罰せられるべきは行為ではなく行為者であるとし、行為者の社会的危険性こそが処罰の根拠であるとする社会的責任論の立場に立ち、刑罰は応報でなく教育であるとする教育刑主義を主張するものとされる。そして団藤博士は、後者が科学主義の下に人間を具体的に捉えようとした点に重要な功績をみとめつつも、人間の主体性を見失った点に本質的欠陥があるとして、刑法上の責任はやはり本質的に道義的責任でなければならず、したがって、刑罰も応報刑でなければならないとされるのである。主体性のない宿命的人間像から、決定されつつ決定して行く行為的人間像に移るべきことが主張される。「科学性のない刑法学は盲目であるが、人間性を見失った刑法学は空虚である」といわれるのである。この点は、刑法における人間性ないし主体性を強調する団藤刑法学の中核的主張に関連する部分であって、いわゆる相対的意思自由論による基礎づけと相いまって、科学主義に対する一種の哲学的・人間学的な非合理主義を背景とするものであるといってよいであろう。(2)

さて、次に、刑罰の目的としての一般予防および特別予防との関連はいかに把握されているのかが問題となる。この点で、団藤博士は、刑罰が犯罪に対する非難として加えられるという意味で応報であるとともに、「刑罰は犯罪の規範的な意味を明らかにすることによって一般人および行為者本人の規範意識を覚醒・強化するべきであり、この意味で刑の一般予防的および特別予防的作用をみとめなければならない」とされている。団藤博士によれば、裁判の段階における応報と一般予防理念が行刑の段階における特別予防理念に移行するプロセスの統一的把握が重要であって、上述した倫理的な主体性がここでも指導理念とされているのである。行刑の理念は法的安定性の枠内における合目的性であるとされるが、そこでは倫理的な意味での教育刑論が説かれるのである。しかし、刑事政策の倫理化による積極的行刑に果たして問題はないのかという点の再検討が必要なように思われる。(3)

(1) この後者の点は、刑罰と保安処分の区別に関するもので、道義的責任論からの古典的な区別に対応するものといってよい。それは責任論の分野における刑罰の倫理的性格に対応したものである。しかし、前者の罪刑均衡原理をささえる社会倫理的契機というのは、責任ではなくて、むしろ違法論のレヴェルにおけるものであることに注意しなければならない。この命題は、すでに小野博士の所説の中に見られたところであるが、そこでは、公刑罰が国家公共の秩序のための応報であり、超個人主義的・国家主義的正義感を基底とするものであるとされていたのである。これは、罪刑均衡原則の機能の理解にかかわる原則的な問題として、のちに罪刑法定主義論のところで再び言及するが、刑罰の社会倫理的性格といわれる場合に、その強調が国家主義的方向にいたる危険のあることを念頭におく必要があるように思われる。この点で団藤博士の場合には、権威主義的な国家的道義の強調は見られないが、その決定的な拒否もまた見出しがたいように思われるのである。

(2) ここには、論議すべき本質的な問題が多く含まれているが、そのうちの二、三を指摘するにとどめる。一つは、意思自由の問題である。博士の主張は、人間行動の法則性を承認するとともに、細部にいたるまでの決定を否認する点に特色があり、そこに自由と主体性を留保されようとするのであるが、科学の発達とともにこの自由と主体性の領域はせまくなって行くのか、そして、もし決定されない部分にこそ責任があるとするなら、刑罰による決定も不可能ではないのか、といった批判がなされうるであろう。しかしこの点については、刑罰による決定についても、主体的に反応する自由がなお留保されると考えられているのではないかと思われる。人権擁護の観点から科学主義の限界を指摘し、その独走をチェックすることの必要は大きいといわなければならない。しかし、無原因な自由を措定しなければ、人格の主体性が欠落してしまうと考えるほかないものかどうかが問題とされてよいように思われるのである。意思自由の問題については、団藤「刑法における自由意思の問題」尾高追悼『自由の法理』昭三八、所収参照。

次に、団藤博士が啓蒙主義以降の刑法理論を古典派として総括し、これを道義的責任論と応報主義に立つものとされた点について問題があるように思われる。すでに述べたように、団藤博士は、かつて、フォイエルバッハとリストとが同じく功利主義・合理主義の点でむしろ共通の地盤に立つものとして理解されるべきものとされていた。ベッカリアやフォイエルバッハは、罪刑の均衡を主張したけれども、道義的責任論と応報刑論を主張したわけではなかったのである。この前期旧派の決定論的アプローチの評価が重要だと思われるにもかかわらず、この点の指摘が欠けているのは不十分だといわざるをえないであろう。団藤博士の主体性論は、一方では、客体として相対化されてはならない個人の尊厳を志向するとともに、他方では、合理主義・功利主義をこえる社会論的な価値をも目ざすものといってよいように思われる。この点につき、団藤「法における主体性」法学協会雑誌九二巻四号、昭五〇参照。

第三に、人格責任論の役割が重要である。それは道義的責任論の立場に立ちながら人格形成にまで非難を及ぼすものであって、たしかに理論的には責任主義が標榜されていても、実際には常習性などの危険性を責任にとりこむ役割を果たすものであった。不定期刑も責任主義の中にとりこまれることになる。それは、責任の限定よりも拡大を志向する点で、積極的責任主義とよばれるものにあたるといえよう。それが保安処分についても必ずしも消極主義に立つことを闡明するものでない点にも問題があるように思われるのである。団藤「人格責任の理論」法哲学四季報二号、昭二三、所収参照。

(3) 裁判から行刑へのプロセスにおける理念の推移については、団藤「刑事訴訟と行刑との関連」『刑法と刑事訴訟法の交錯』昭二五、四五頁以下参照。ここではとくに、団藤博士が、受刑者の「社会復帰の権利」をみとめ、行刑法律関係の確立を要請されることと、市民的改善をこえた贖罪を要求されることとの関係が問題とされるべきであろう。とくに、未決勾留者の改善と教誨という点は、拘禁の趣旨と矛盾するものといわなければならないように思われる。

四　客観主義論

次に問題とするのは、犯罪論とくに違法論の分野における客観主義的アプローチの特色についてである。この点でも、団藤博士が、新派の主観主義的な方向に反対して客観主義の立場を主張されたことは周知のところである。罪刑法定主義、構成要件論、客観主義論がその基本的な枠組みであるということができよう。

罪刑法定主義論については後述するが、これに関連して、いわゆる構成要件論が犯罪論の中核として一貫した主導的地位を与えられているのが注目される。それは総論と各論、さらに刑事訴訟法との結合まで有機的なものとするとともに、犯罪理論の構築をきわめて堅固なものにするとされている。近代派の立場では犯罪に徴表的意味しかみとめないので犯罪の定型性は無視されるが、古典派の立場からは構成要件論が必然的な帰結だとされるのである。

団藤博士の構成要件論は、小野博士のそれと同じく、違法・有責類型を意味し、一般的・抽象的な類型として、違法性に対して一定の距離をおくなどの特色をもつことは周知のところであるが、ここではとくに、それが「定型」とよばれるにふさわしい形式的明確性を志向する点に注目すべきである。犯罪論上の多くの問題が構成要件の定型性の解釈問題に収斂されて行く構図は見事であるといえよう。しかし「定型」の内容が形式的な類型的判断によって明確になると必ずしもいえず、実質的判断を予想せざるをえないのではないかという疑問が提起される。そこに「形式」客観説の功罪を見ることができるように思われる。(1)

ところで、団藤博士によれば、犯罪は法秩序に違反する行為、すなわち違法な行為であるとされるが、問題は違法性の意味についてである。団藤博士はこの点で、犯罪を権利ないし法益の侵害と見る考え方が犯罪の規範的意味を十分明らかにしていないとして批判し、これを規範違反として把握する立場に立たれる。「違法性とは、単に形式的にでなく実質的に、全体としての法秩序に反することである。実質的に全体としての法秩序に反するということは、法秩序の基底となっている社会倫理的な規範に反することにほかならない」とされるのである。そこには、小野博士のように国家的道義に反する反人倫的行為という濃厚な色彩はないが、これを基本的に踏襲したものと思われるだけでなく、ヴェルツェルの「社会相当性」の援用によって目的的行為論のいわゆる「人的違法観」との親近性をも感じさせるものがある。違法性の本質を法益の見地だけから論じるのは妥当でないとされているのも、行為無価値論への傾斜を示すものといってよいであろう。(2)

しかし、それでもなお、いわゆる客観的違法論の命題は維持されている。論理的にいえば、違法性と責任との区別は、いわゆる評価規範と決定規範との分離に対応する。そして、たとえ主観的違法要素の存在をみとめても、この関係は十分に維持されるといわれるのである。この点は通説と変わりがないといえよう。

ただし、団藤博士の場合にも、違法性の本質をなす社会倫理規範は人間性の客観化であると同時に社会的相対性をもつことが是認されており、社会の発展を包容する秩序を動的に把握すべきことが主張されている点に注目しなければならない。社会の多元化と価値体系の分裂をも考慮しなければならないとされるのである。また、より具体的には、違法の相対性およびいわゆる可罰的違法性論も積極的に評価されているのが注目される。ただしここでも、人倫的道義と現実の社会的意識との関係をどのように把握すべきかという点が最終的基準の問題として問われることになるであろう。国家的立法自体を人倫的道義の顕現と見る考え方を拒否しなければならないとすれば、人倫的道義ないし社会倫理規範の内実を分析し、その役割を具体的に見定める必要があるように思われるのである。(3)

(1) 団藤博士は、構成要件と違法性とを端的に結びつけようとする考え方では、犯罪定型の第一次的重要性が失われると批判される。しかし、不作為犯などの開かれた構成要件では、違法性が先行することをみとめられるのである。また、構成要件が有責類型をも含むとされる場合、構成要件の段階ですでに主観的要素が考慮されることによって、客観主義の前提に修正が加えられざるをえないという問題がのこるように思われる。

(2) 目的的行為論への評価についていえば、それが主体的な行為理論の樹立を意図している点で、志向を同じくするものといえようとして、一般に肯定的な評価がなされているのが注目される。人格の主体的実現化としての行為は、本来主観的に方向づけられているというのであろうか。行為の段階から主観が考慮され、故意も主観構成要件・違法要素だとされるのである。

(3) 刑法の倫理性の強調は、責任論では道義的非難を要求するという点で、国家刑罰権の根拠を問い、責任主義による限定にも寄与しうるであろうが、違法論では、率直にいって、違法の限界を不明確にし、主観化する危険をもつように思われる。この両者が果たして不可分なものであるのかどうかという点が問われなければならないであろう。

五　罪刑法定主義論

罪刑法定主義の原則については、まず、マグナ・カルタ以来の英米およびヨーロッパ大陸における歴史的な沿革が叙述され、ついで、わが国における旧刑法の規定、そして新憲法の適正手続条項としての法定の意味が指摘されたあと、次のように原則的な基礎づけがなされている。

「罪刑法定主義は、政治的には人道主義的・自由主義的見地から刑法の保障機能を発揮させるために要請されるのであり、刑法理論的には現実説ことに定型説の見地から基礎づけられるのである。犯罪と刑罰とをあらかじめ法定しておくということは、法律が犯罪を定型としてとらえ、これに対する定型的な刑法的評価としての法定刑を規定するということでなければならない。リストも刑法のマグナ・カルタ的機能の見地から罪刑法定主義を強調しているが、近代派の理論としては内的連関をもたない。現実説・定型説の立場において、はじめて刑法理論そのものとして罪刑法定主義を主張することができるのである」(『刑法綱要総論』昭五四、四三頁)。

新憲法後の学説としては、罪刑法定主義の擁護をかかげることは容易であり、むしろ当然のところといってよいであろう。上の叙述の中で問題なのは、罪刑法定主義が古典派によってのみ基礎づけられ、近代派の理論とは内的関連をもたないとの主張である。しかし、それが政治的な人道主義と自由主義からする刑法の保障機能によって担保されるとすれば、古典派か近代派かという区別はむしろ第二義的なものというべきではないかとも考えられる。現にこの原則は、ナチスの時代には古典派の論者によっても個人主義的形式主義として攻撃されたことを忘れてはならないであろう。むしろ、旧派こそ権威主義と国家主義に走りやすかったともいえるのである。逆に、リストが罪刑法定主義をとなえたのは、その自由主義の故であって、これを

刑事政策の歯止めにしようとするアプローチは十分の検討に価するというべきであろう。(1)

さて、団藤博士は、罪刑法定主義の内容として、罪刑の法定、刑罰規定の適正と罪刑の均衡、類推の禁止、遡及処罰の禁止をあげられる。それは従来、罪刑法定主義の派生原則とされてきたものをカバーしているが、さらにこれを実体的デュー・プロセスの問題として再構成しようとする意図をそこによみとることができる。とくに、憲法三一条から刑罰法規の明確性を要請し、刑罰謙抑主義によって公労法上の労働争議の刑事責任を限定し、立法にあたっても法益保護の必要を十分に考慮し、さらに罪刑の適正な均衡を要請すべしとするなどの主張は、罪刑法定主義の内容をより積極的に展開したものとして注目されるのである。なお遡及処罰の禁止についても、刑法六条は罪刑法定主義につながる大原則であるから、法的安定性を害するおそれのある限時法理論は原則としてみとめるべきでないとされている。そこに刑法の保障的機能の強調を見ることができるのであるが、それが単なる形式主義でなく「社会倫理的な配分的正義」にもとづくものであるとされる限りにおいて、その合理的な限界設定がより具体的に問われなければならないであろう。(2)

(1) もちろん、ことがらは罪刑法定主義の単なる宣言とその承認にあるのではない。その内容と具体的な機能にこそ着目しなければならないと思われる。とくにわが国の場合、ドイツやソ連のように、罪刑法定主義の明確な否認という形での立法化はなかったが、しかしだからといって、罪刑法定主義が戦前から一貫して守られてきたということには本質的な疑義がつきまとわざるをえない。古典派、近代派というレヴエルをこえて、この歴史的な反省と検討が要請されるべきものと考えられるのである。それはとくに類推解釈の問題についてあらわれるが、この点についての団藤博士のアプローチについては後述する。

(2) 社会倫理的な配分的正義は、全体との関連に着眼した実質的な評価であるとされている。それが、罪刑法定主義の内容的適正さを担保するものと考えられているのであろうが、そうだとすれば、罪刑法定主義の形式的明確性自体が規範的価値判断によって相対化されざるをえないであろう。自然主義から規範主義への移行が当然のこととして承認されるとすれば、罪刑法定主義の形式的保障の規範化もまたさけられないように思われるのである。構成要件的「定型」もまた、こうして、社会倫理的な色づけを含まざるをえないであろう。したがって、社会倫理的な配分的正義の実体の解明こそが目ざされなければならない課題となるのである。

なお、この点に関連して、いわゆる「非犯罪化」論は、主としてアメリカに特有の刑事政策的考慮によるものであるとして、必ずしも肯定されていない点に注目する必要があろう。刑法の合理化と中性化の方向は、団藤博士の社会倫理的正義の観点にそぐわないものと考えられているからであろうと思われる(『刑法綱要総論』改訂版、昭五四、四九頁参照)。

六　刑法解釈の方法論

最後に、刑法の解釈、とくに類推解釈に関する団藤博士の見解を見ておかなければならない。結論的にいえば、行為者に不利益な類推解釈を施すことは罪刑法定主義の要請に反するものとして許容されないことが明言されている。たとえその行為が刑事政策的にみてどれほど処罰を適当とするものであっても、それは立法の問題だとされるのであって、原則的な姿勢をそこに見ることができる。しかし、そのことは構成要件的規定について形式的な文理解釈にとどまるべきことを意味するものではないとされるので、実質的観点からの限界設定が問題とならざるをえない。この点については、次の指摘が重要である。「むしろ各本条の予想する法的な犯罪定型を合理的解釈によって見出すべきであって、ばあいによっては規定の文理よりも限定的に解釈しなければならないこともあるとともに、また、ばあいによっては定型の範囲内では文理を拡張して解釈しなければならないこともありうるのである」(『刑法綱要総論』改訂版、昭五四、五三頁)。

このうち、前者のような限定解釈については問題がなく、むしろ実質的な限定解釈こそ望ましいといえようが、しかし後者の拡張解釈については、その限度をめぐってより立入った検討が必要である。「定型」の範囲内でならば可能だとされるのであるが、そもそも定型とは何かが解釈によって最終的に見出されるべきものであれば、これを解釈の枠として前提とすることは一つのタウトロギーのようにも思われるのである。一般にいわれている目的論的解釈というものと果たしてどこがちがうのであろうか。そして現に団藤博士によっても、類推かどうか争われたケースは、ガソリンカーの事件も電気窃盗の事件も許容される拡張解釈だとして是認されている。たとえ文理をこえざるをえない場合をみとめるとしても、できるだけ「文理」を尊重するという態度を持さなくては、合理的解釈の名の下に「定型」自体が定型の名の下に拡大されるおそれがあるように思われる。(1)

(1) 犯人の利益の方向における類推解釈は、超法規的なものであってもみとめてさしつかえないとされているのは、当然のことながら注目されてよいであろう。憲法的観点をも含む限定解釈についても、その積極的意義に正当な注目が払われているが、不明確な限定解釈はかえって犯罪構成要件の保障機能を失わせるという全農林逆転判決の趣旨を正当であるとされる点には問題があるように思われる。その明確化のための努力はもとより必要であるが、形式一律処罰のほうが明確であるともうけとれる前記判決の基本姿勢への批判がより重要なように思われるからである。

七　結　語

団藤博士の刑法学方法論の評価も決して単純でない。戦前は、とくに小野博士の強い影響が見られたが、戦後は、基本的になおその学問的系統を受けつがれながらも、とくに人格責任論を介して新旧両派の立場の止揚を目ざす志向を見ることができる。それは古典派の立場を基本とする点で、いわばこれを現代化する試みだといってもよいであろう。現代刑事政策の科学的知見を可能な限り考慮しようとされるのであるが、しかし団藤刑法学の真骨頂は、それにもかかわらず刑法における人間の主体性をあくまでも堅持されようとする一貫した態度の中にあるということができるであろう。その個々のあらわれについては本文の中で言及したが、結論的にいえば、それが人権保障の制約原理となりうる限りにおいて進歩的な役割を果たしうるものと考えられる。しかし他面、人格の自由と主体性の強調は、人格の深みへの刑罰権の作用を肯定することによって、いわゆる積極的責任主義と刑法の倫理化という方向にみちびかれる危険をもはらんでいるといわなければならない。結論的には、古典派が全体主義と権威主義へとおち入った歴史的な轍をくりかえさないための保障を探究することこそ最大の課題だというべきであって、そのための教訓を団藤刑法学の中から学ばなければならないのである。

第7章　平野博士の刑法思想

一　序

最後に、平野龍一博士の刑法学の基本的特色を概観することにしたい。この課題も、これまでの論者以上に困難であることを自覚しなければならないが、この点を回避しては刑法理論の現代的な問題状況を語りえないほど重要かつ不可欠であるといってあやまりはないであろう。

これまでの問題の基本的な枠組みとの関連でいえば、平野刑法学の特色は、犯罪論における客観主義的志向とともに、刑罰論における明確な目的刑論の自覚的な主張の中にこれを見ることができる。そのこと自体一つの矛盾として受けとられるであろうが、ここでは論争そのものがすでにドグマティカルなものをこえて、刑法の現代的機能の探究という実践的視野に支えられている点に注意しなければならない。犯罪学や行刑学を含む刑事政策の現状を念頭において、刑法規範論を機能論的にこれと接合させようとする発想自体は決して新しいものではなく、いわば新派の枠組みに由来するものといってよいであろう。しかし、その本命の特色は、一方では、このような近代化と合理化への途を妨げる「刑法の道義性」を旧派の形而上学的な残滓として徹底して排除しようとし、他方では、人権の保障を含む刑罰権の合理的制約を主張することによって新派の主観主義に歯止めをかけようとする明確な目的意識にあるといってよいように思われる。このような試みは、両側面においてきわめて大きなインパクトを与えつつあるが、ここではそのあらわれと効果に着目しながら、若干の検討を加えることにしたい。比較の便宜上、これまでと基本的に同じ順序に従ってその主張を整理して行くことにする(1)。

(1) 平野刑法学の方法については、私自身、『刑法の基礎』の書評をかねて、若干検討したことがある。中山研一「刑法における機能的考察方法とその問題点」『現代刑法学の課題』昭四五、一〇六頁以下参照。なお、木田純一「平野(竜)理論」『戦後日本の刑法学』昭四七、二一四頁以下参照。

二　基本思想とその変遷

平野博士の研究生活は実質的には戦後にはじまると思われるので、戦前とのかかわり合いや業績を問題にする必要はない。ただし、戦争および戦時状態とその思想がどのような影響を与えたかという点は、検討の余地をのこしているといえよう。しかしさしあたってこれを知りうる資料はない。

さて、平野博士の刑法の分野における基本思想の変遷を問題にする場合には、一応これを次の三つの時期に分かつことが可能なように思われる。第一期は、昭和二〇年代の前半に発表された初期の業績の中にあらわれている考え方であって、そこに平野博士の研究の出発点と初心を見ることができる。第二期は、アメリカ留学後昭和三〇年代を一貫して流れる経験的な刑事政策的モチーフであって、いくつかの翻訳をはじめ、『犯罪者処遇法の諸問題』（昭三八）や『矯正保護法』（昭三八）の中にその成果が結実している。そして第三期は、昭和四〇年以降の時期であって、刑事政策から刑罰論を通じて犯罪論にまでその思想が展開されることによって、平野刑法学の全貌があらわれてくる。『刑法の基礎』（昭四一）のあと『刑法総論Ⅰ Ⅱ』（昭四七、

五〇）があらわれ、刑法改正問題への対応も明確化されるにいたったのである。(1)

ここではまず、右の第一期の状況に注目しておかねばならない。それは、第二期以降への発展の萌芽を含みながらも、かなり方法論的な観点において異なる側面をもっていたと思われるからである。「賍物罪の一考察」（小野還暦㈠昭二六）が法社会学的観点からの解釈の必要性を実証した業績であることは知られているが、それ以前の「賍物罪の犯罪社会学的考察」（法律時報二〇巻七号、昭二三）の中に、すでに、より広い方法論的な指摘が見られる。「……犯罪現象に対して、法は一定の評価を下し、その処遇方法を決定しなければならない。したがってその評価なり、対策なりは、抽象的基本命題から論理的に演繹されうる筈のものでもなく、又法は唯単にマグナ・カルタとしての枠をなし、政策はひたすらに合目的性を追求するというようなものでもなく、立法と解釈と、実体法と訴訟法とは一体をなして、犯罪の効果的防圧という社会の利益と個人の自由との調和を目指すべきものであり、それは社会自体がその時代の要請に応じて生み出したものに外ならない。」そこには、社会学的調査にもとづいた有効な刑事政策という考え方を見ることができるのであるが、しかし常習犯・機会犯の犯人類型的把握は法的安定と訴訟上の要請から望ましくないとされている。「可罰的違法性」の語がすでにあらわれていた点も注目を引くが、問題だと思われるのは、常習犯が社会的危険性においてきわめて大きいばかりでなく（実質的違法）、常習犯としての性格は自らの決意によって形成したものであるから、倫理的にも最も非難すべき性格である（実質的責任）とされていた点である。それはいわゆる人格形成責任を思わせるものだからである。(2)

ついで、注目されるのは「故意について」（法協六七巻三・四号、昭二四）と題する論文であるが、これも現在から見れば目的的行為論への傾斜を明白に示した問題作であるということができる。平野博士自身は、この時期にヴェルツェルの目的的行為論を採り入れたのも、法が存在の基本構造に制約されるという考え方に惹かれたからであると述懐されているが、論文の中には必ずしもその点は明確にはあらわれていないように思われる。むしろ、そこでの問題意識は、規範的責任論によってもたらされた刑法の体系化を一段と完成させるために、「故意」を責任要素としてではなく、むしろ構成要件要素として取り扱うとするところに明確に求められていたのである。したがって、そこで展開された方法も結論も、ともに目的的行為論のほとんど無批判的で積極的な受容におわっている。行為論、構成要件論、違法論、責任論、未遂論、共犯論のそれぞれの問題にもたらした体系的認識の成果が要約されているが、それらは奇妙にも今日の平野説とは対照的に異なるものである。目的的行為論に対する基本的な認識として見のがせないのは、現象学や存在論を基礎として現実を全体として把握しようとする動きが、たまたま競合したナチス思想によって危険なものとなったが、ナチス思想を洗い去ったあとも、具体的な秩序を把握しようとする努力がなお維持するに価するものがあると考えられていた点である。形式的な自然主義と分裂的思考、個人主義的な物質的法益侵害思想の打破は、古い一九世紀的罪刑法定主義の克服をも志向していたのである。結論的には、それは戦後のわが国における目的的行為論の導入の露払いの役割を果たしたものといえよう(3)。

しかし、その後、学界が目的的行為論への対応に追われている間に、平野博士は一時刑事訴訟法の研究に移り、留学後はもっぱら経験法学、社会学、犯罪学、行刑学の方向に転進された。これが転換期となった第二期であり、処遇法論からする刑罰論が実践的な足場の上に確立される時期であったということができる。それは、ちょうど戦後の刑法全面改正作業が開始される時期にあたっていたのであるが、平野博士がすでにこの時期に、「そもそもいま刑法を全面的に改正する必要があるだろうか」として冷静に問題をうけとめ、「犯罪一般と各則は、一部改正ですませることもできる。これに対して刑罰の部分は、新たに設けられる保安処分と一緒にして、全面的に改正する必要があるように思われる」と述べられていたのが注目を引くのである(「刑法改正の指針」『犯罪者処遇法の問題』昭三八、所収、一頁)。それは、一方では、改正の必要を無批判に受容した上で、犯罪論についてのそれほど実益のない議論に時間を費す学界の一般的傾向へのきびしい批判を含むとともに、他方では、しかし、保安処分を含む刑罰の領域での改正への積極的姿勢によって全面的な改正批判論の消極的態度にも同調するものではなかったということができよう。(4) そしてこのような態度は、『矯正保護法』(昭三八)の中で、刑罰の機能論的把握という形で明確な方法論的基礎づけを与えられることになった。たとえばそれは、「現在の刑罰制度の改善にとって必要なのは、刑罰は応報か教育かというような議論ではなく、刑罰の機能についてのもっと経験的な知識と、現在の社会条件の下で最も有効な結果を生むためにはこれをどのように用いたのがいいかというプラグマティックな態度とである」という主張の中にあらわれている。そこでは、応報刑論が刑法の道義化によって国家に倫理秩序維持の任務を負わせるものとして真正面から批判の対象とされ、目的刑論を基礎として刑罰の効果をより経験的に分析すべきだとされたのである。(5)

第三期は昭和四〇年代以降を意味するが、そこでは第二期に行われた基礎がための上に、いよいよ固有の刑法分野への具体化と展開が開始される。『刑法の基礎』(昭四一)がその出発点をかざるものであり、その基礎の上に、解釈論が全面的に展開されることになった。それが『刑法総論I II』(昭四七、五〇)および『刑法概説』(昭五二)であったことはいうまでもない。それがその基本的な内容については後述するが、それが解釈論をこえた刑法の基本問題、とくに刑事政策論への明確な態度決定に支えられ方向づけられたものである点に注目しなければならないであろう。平野博士は、この時期にいたって、継続中の刑法改正作業の道義刑法的方向にとうてい同調できないとして、批判的な態度を明確に打ち出されることになった。『刑法改正の研究ⅠⅡ』(昭四七、四八)にあらわれた、いわゆる対案グループの活動は、平野博士のイニシャチブに負うところが大きいといえよう。少年法や監獄法の改正問題への平野博士の対応にも、この観点から注目しなければならない(6)。

さて、以上の概観からすれば、初期の目的的行為論への傾倒だけが何か異質なもののように見えるのであるが、それが果たして単なるエピソードに過ぎないものであったのか、今日でもなお維持されるべきものとして連続した関連部分がのこされているのかどうかという点の検討が、なおのこされているといってよいであろう。次に問題になるのは、道義刑法との対決という点であるが、これは、旧派とくにいわゆる後期旧派への批判的対抗を表現する点で平野刑法学の本質的な部分を形成するものということができる。この点については、対抗関係とその意味を理解することはそれほど困難ではない。むしろ問題なのは、新派刑法思想に対する平野博士の対応である。この点は、より微妙であって、慎重な検討を要するといわなければならない。もっともこの種の検討自体、新派・旧派という図式的な詮索によってではなく、現実の刑事政策に対する実践的対応を念頭においたものでなければならないことはもちろんである。このような観点から、以下いくつかの基本的問題に対する平野博士の見解とその特色を明らかにしてみたいと思う。

（1）このような期間区分は、平野博士自身が、自己の業績の自己評価の中で示されていたものである。そこには、著者自身による問題意識の自覚的展開の跡が示されていて、興味深いものがある。東京大学法学部研究教育年報、三（一九七五年一〇月）一四二―一四六頁参照。

（2）この段階では、団藤博士の人格責任論に対する批判は姿を見せておらず、少なくとも昭和二五年当時は、この理論がまだ十分展開されていないが今後に期待すべきものが多いとして、むしろ評価は肯定的であったように思われる（「刑法」法律時報二二巻四号、昭二五、一七頁参照）。これは、当時の刑法学の案内であって、当時の刑法学者に対する平野博士の寸評が興味深い。牧野博士の主観主義が行為者の性格を対象とするという意味の主観主義であるのに対して、宮本博士は行為者の規範意識に重点をおく主観主義であること、小野博士は、個人の主体的な倫理性を強調される点でいくらか宮本博士に近い点もあるが、客観的な倫理秩序の存在をみとめる点で客観説であること、小野博士の刑法体系の基礎をなす構成要件の理論が、その国家主義的思想にもかかわらず自由主義的な機能を営んでいることも、牧野博士の主観主義が刑事政策の下に権威主義的要素を導入する危険をもっているのと対照的であるとされていること、瀧川博士の思想的地盤は小野博士と全く異なり、階級対立の社会観から、被支配階級の自由を守るために刑法はなるだけ厳格にせまく解釈され、運用されねばならないとされること、不破博士は、応報でない刑罰は燃えない火に等しいとされる点で小野博士に近いが、意思の自由を否定し、人格そのものに責任をみとめようとする点で主観主義に近づいているとされること、佐伯博士は、主観的違法論に強く反対し、刑罰は非難であるとされる点では客観説に近いが、主観的違法要素を強調され、刑罰という非難の手段に、非難という目的を超過する傾向をみとめられる点で主観説に近づいているとされていること、などがその主要な内容である。平野博士は、研究の出発点において、単なる解釈法学の空しさと道義の高唱に対する疑念とを感じていたとされているが、この段階では、いまだ、従来の刑法学への対応は不明確であり、模索がつづいていたといってもよいように思われる。

(3) 今日の平野説と比較するために、若干の当時の主張点をあげておくと、まず、行為論では、違法判断が人間の行為のみを対象とし、自然現象は含まれず、全く不随意な身体の動静はもはや行為とはいいえないという。次に違法論では、故意も主観的違法要素であるとすることによって、物的違法観の転換が行われ、たとえば殺人と過失致死では、客観的に違法性の差があるものとされる。構成要件は、違法と責任を含む立体的構造をもつものと考えられ、不作為の問題も、因果関係の問題も、結局は構成要件該当性の問題であり、未遂・共犯も構成要件の修正形式である。因果関係も相当説の折衷説であり、錯誤論も法定符合説である。実行の着手でも不能犯でも、行為者の主観をあわせ考慮すべきであり、共犯でも、正犯概念がより主観的に定められなければならず、過失の共犯は否定されるべきだとされる。そのほとんどが今日の平野説と異なることは明らかであろう(「故意について」㈡法協六七巻四号、三五五頁以下参照)。

(4) 刑法改正問題に対する平野博士の態度は、改正刑法草案への批判においてきわめて明確な形であらわれ、大きな影響力をもったことは周知のところであるが、準備草案段階(昭三六)での態度は、必ずしも明確であるとはいえなかったように思われる。平野博士は準備会の一員として立法活動に参加し、刑事政策的問題について立法にかかわる研究をいくつか発表されているが(『犯罪者処遇法の諸問題』昭三八)、準備草案そのものへの批判は慎重に留保されている。しかし、その消極的な対応は、理由書の執筆担当部分の少なさからもうかがうことができるように思われる（『改正刑法準備草案、同理由書』昭三六、参照）。なお、時々の刑事立法に対する当時の平野博士の対応を知る資料として、「暴力立法についての一つの感想」（法律時報三〇巻六号、昭三三）が注目されるが、そこでは、組織犯罪の取締りを目的とする立法への賛否の対応が微妙であり、いかなる立法が妥当かについての権威ある調査が必要であることが述べられるとともに、それまでの刑法の改正について、戦後の一部改正は民主化の一環をなすものとして賛成、破防法は、政治的弾圧の武器として反対という対応が示されていたのである。

（5）この段階において、「道義刑法」との対決が不可避的なものとなったということができる。それは、初期の法社会学的アプローチとはつながり、その発展として位置づけることができるが、目的的行為論による犯罪論のドグマティカルな、そして何よりも社会倫理的なアプローチとは異質なものとならざるをえなかった。人格形成責任論は、たとえ常習犯の責任を理論的に基礎づけることができるとしても、刑事政策的観点から疑問であるとして批判されることになる。そして、刑罰論における機能的アプローチの確立によって、犯罪論の分野における第一期の学説自体への自己批判が出てくることも不可避となった。それが次の第三期に展開されることになるのである。

（6）第三期は、刑法解釈論の分野での平野博士の見解がまとまった形で展開される時期にあたったのであるが、それは解釈論のレヴェルでも問題提起の著作であったということができる。そこには、従来の学説の単なる延長ではなく、上述した批判的視点からの自覚的な見直しが一貫して予定されているからであり、そして何よりも初期の自説との間に基本的な転換が見られたことが注目を引いたのである。なお、昭和四〇年当時における立法問題への対応を示すものとして、「刑事法概観」（ジュリスト三六一号、昭四二）が参考になるが、そこでは、新刑訴が基本的考え方においてすでに定着したこと、少年法に対する現実主義の観点からの改正企図に対しても、それに耐えるだけの根がすでにはっていること、刑法の改正にも現実の必要と市民的安全の要求から暴力立法など一連の改正が行われてきたこと、特別法では、麻薬と売春に対する闘争が注目されること、そして最後に、監獄法の改正こそ最も急ぐべき部分だとされていること、などの点が指摘されていたのである。

三　目的刑論

平野博士が刑罰論の分野において応報刑論と訣別し、はっきりと目的刑論の立場に立たれていることは、すでに周知のところである。そこで、ここではまず、このような態度決定を支える基本的な理由を問題としたのち、その目的刑論の内容上の特色を明らかにしなければならない。なお、以下の分析は、平野刑法理論の現在の到達点をあらわすと見られる「刑法総論Ⅰ」(昭四七)の当該部分の叙述に基本的に依拠したものである。

平野博士によれば、応報刑論は、応報であることがそれ自体として刑罰を正当化するとするところにその特色があり、責任に応じた非難であることが刑罰の正当性の根拠とみとめられる。道義的責任の基礎となる自由意思は無原因なものとされ、刑の効果は「法秩序の回復」と「国民の法的あるいは倫理的確信に鞭を入れる」という「贖罪」によって達成されるというのである。これに対して目的刑論は、一般予防論（抑止刑論）と特別予防論（改善刑論）にわけられる。抑止刑論は、刑罰がそれによって犯罪の防止という効果のある場合に限って科せられるべきものとし、「正しい抑止刑」であるために、犯罪の軽重に応じた刑罰（均衡の原則）を要請する。自由意思とは非難によって動機づけられる可能性をいい、意思の法則性をみとめることと矛盾しないものとされる。一方、改善刑論は、犯罪者の改善更生と社会復帰を刑の目的とするもので、犯罪防止という目的の一側面として、修正的ないし補完的な原理として位置づけられる。受刑者の社会復帰という思想は、素朴な応報感情がなお強く根をはっており、刑罰の抑止力に対する過信も跡をたたない現状において、強調し足りないほどの意義をもつものとされている。

平野博士が応報刑論に反対されるのは、それが応報を自己目的とすることによって形而上学的な絶対応報刑の論理に固執し、贖罪による倫理的確信の陶冶によって市民的改善以上の道義的干渉を正当化する点において、何よりも、刑法の近代化、とくに刑事政策の有効な推進という方向に竿をさすものと評価されているからであるといえよう。この種の批判は、すでに新派の側からなされていたものであるが、広報刑論が「後期旧派」によって強調されたものであり、国家主義を背景としてもつという歴史認識に立脚している点において、よりきびしく、かつ説得的でもあるように思われる。責任主義も「積極的責任主義」という形であらわれれば、刑事政策の進歩をむしろ阻害し、容易に「犯罪化」につながる危険があるといわれるのである。(1)

では、目的刑論の内容はどうであろうか。まず一般予防論（抑止刑論）においては、犯罪防止にとって必要であり効果がある限度に刑罰が制約されるべきことが強調され、正しい抑止刑のために「均衡の原則」が要求されている。刑罰は、社会統制の一手段であり、謙抑主義が支配すべきだとされるのである。しかし、一方で、刑罰の抑止力に対する過信が跡をたたないことが指摘されていることからしても、一般予防が治安維持の必要を名として権威的に主張される危険が大きいことにも注意しなければならない。さらに、抑止刑の「正しさ」を担保するために必要とされる「均衡原則」の意義と性格にも問題がある。それが刑罰の必要性と効果から直接演繹できないものとすれば、どこにその根拠を求めるべきかという点が問われなければならない。平野博士も、均衡原則の要求によって抑止刑は応報刑に近くなるとされているので、この点の分析は重要である。その均衡が「責任」に対するものでなく、犯罪の軽重、つまり違法に対するものであることにも注意しなければならないであろう。(2)

次に、特別予防論（改善刑論）においては、抑止刑論と社会復帰論との間に原理的な対立はなく、その効果の調節だけが問題となるものとされているが、その相互関係は必ずしも明らかではないように思われる。一方では、受刑者の社会復帰が強調されているが、再犯のおそれが全くない場合でも刑罰を加える必要があることも否定できないとして、一般予防の利益が留保されている。また。改善保安処分は再犯防止の効果によって正当化されるが、同時にそれが自由の拘束その他の苦痛を伴うものである限り、「均衡の原則」が要求されるべきものといわれる。危険性の判断がきわめて不明確である現在では、その使用には慎重でなければならないとされているのである。以上の点から見ると、一方では、改善と社会復帰の原則は修正的ないし補完的なものだとされながら、実際には、改善復帰目的の推進に伴う濫用および人権侵害の危険を防ぐために抑制刑の均衡原則が制約原理として援用されるという構造が予定されているように思われるのである。しかし、応報刑論を全く除外してしまえば、「責任」が制約原理として働く余地もなくなるのではないかという疑問が生ずる。刑罰の目的と正当性とはたがいに調節可能な同一レヴェルの問題領域に属するのかという、より根本的な問題がのこらざるをえないように思われる。(3)

（1）　平野『刑法総論Ⅰ』昭四七、一九頁以下参照。応報刑論の問題性は、平野博士の指摘されるように、刑法改正問題への対応の中であらわれるようになってきたといえよう。草案のイデオロギー性が批判される中で、国家主義的な応報刑論に対抗する「対案グループ」が形成されたのである。平野博士によれば、草案のイデオロギーを支えたのは、小野、植松、団藤博士らの応報刑論者であり、荘子、福田、大塚の諸家も絶対応報刑論に属するといわれる。しかし、「対案グループ」を構成したより若い世代が直ちに応報刑を捨てて目的刑論に従ったわけではないところに問題がある。問題が国家主義か自由主義かという対抗関係にあるとすれば、応報刑論と自由主義とを結合する方向も十分に検討可能であろう。目的刑論が必ず自由主義と結合するのかという点の検討も必要である。前期旧派が歴史的な出発点であるとすれば、それへの対応が共通に問われなければならない。その意味で、平野博士による刑法理論の歴史的分析が重要な意義をもつというべきである（『刑法総論I』三頁以下参照）。ただし、ナチスとソ連の刑法思想への評価がきわめて簡単なのが惜しまれる。

(2)　平野博士によれば、応報刑論と抑止刑論とのちがいは、前者が、悪い行為があれば必ず罰せよとする傾きがあるのに対して、後者が、刑罰を必要悪としてその使用をできるだけ制限しようとする傾向をもつ点にあるとされている（上掲書二三頁参照）。しかし、必ずしもそのようにいいきれるか疑問がのこる。応報刑論が刑罰を善と考えているというのは一面的であり、むしろ目的刑論こそこれを善と考える傾向をもっていたのではないかということができる。問題は、責任原理が制約となりうるかという点にかかっており、必要性と効果という観点は合目的的なものであるだけに、より伸縮性があり、処罰を不当に拡大する危険をもたざるをえないように思われるのである。問題は結局のところ、刑罰権の主体であり、刑事政策の施行者である国家の性格をどのように把握し、その政策のどの側面を制約し、また推進すべきかという政策判断にかかってくるというべきであろう。

(3)　たしかに、抑止刑論は改善刑論と連動することによって、刑事政策の有効性を目ざすことができるといえよう。しかし、なぜ「均衡の原則」が要求されるのかを考えてみなければならない。それは、なお暫定的なものであって、一般予防と特別予防がともに科学の発達とともに確実な測定にたえるようになれば、もはや不要なものとなるのであろうか。目的刑論に対して提起される危惧は、結局、この点にかかわるといってよいであろう。応報刑論は、この点で、均衡原則と責任主義を前提とした上で予防目的を考慮するのに対して、目的刑論は、予防目的を前提として均衡原則による制約をはかろうとするものである。実際上、両者は接近し、類似した結論にいたるであろうが、基本的なアプローチには相違がある。その態度決定を支えるのは、ここでも、現実の国の刑事政策への対応であり、社会的諸条件の認識の異同にあるといえよう。意思自由論などは、その際の説明の一方法にすぎないとさえいえるように思われる。この点についての平野博士の問題提起とその批判については、中山「刑法における機能的考察方法とその問題点」『現代刑法学の課題』昭四五、一〇六頁以下参照。

四　客観主義論

平野博士が刑罰論の分野における応報刑の拒否と目的刑論の明確な主張にもかかわらず、犯罪論の分野では、主観主義でなく客観主義の立場をこれまた明確に主張される点がまず何よりも注目されるところである。牧野博士の例から、新派が必ず犯罪徴表説的な主観主義と結びつき、罪刑法定主義の否定にいたるとする命題を一般化することは不正確であり、応報刑と道義的責任論もまた倫理の強調から意思刑法と罪刑法定主義の緩和にいたることが十分可能だとされる。「結局、客観主義的であるか主観主義的であるか、罪刑法定主義を堅持するかこれを緩和するかは、社会統制において、刑法の役割、さらには国家の役割をどれだけ重視するかにある。刑法及び国家の役割を重視する考え方は、権威主義あるいは干渉主義的な態度ということができ、重視しない考え方は、自由主義ないし不干渉主義的態度だということができる。それは、刑罰を応報的なものと考えるか改善的なものと考えるかと、直接には結びつかない」といわれるのである。

この点は、たしかにそのように考えることが可能であって、説得的だといってよいであろう。しかし、平野博士もみとめられるように、この点で自由主義でありえたのは前期旧派だけであって、後期旧派も、また新派も、応報ないし改善の名において国家刑罰権を積極的に正当化し、干渉的に犯罪概念を拡大し主観化してきたものということができる。したがって、客観主義は自由主義的な保障として必要だとされるのである。(1)

この点はまず、違法論の領域にあらわれる。平野博士は、刑法が社会倫理を維持するためのものであるのか、それとも法益の保護を任務とするものであるのかという形で問題を提起し、はっきりと後者の法益保護こそが刑法の任務であるとして、「刑法の倫理化」に反対される。

刑法の任務が「基本的な社会倫理的心情（行為）価値の保護」にあるとするヴェルツェルの考え方が決定的に拒否される点に注目しなければならない。それは、刑法と倫理の区別から出発して、いわゆる「被害者のない犯罪」の非犯罪化を志向するとともに、刑法の補充性、断片性、謙抑性を自覚的に主張する点で、実践的にも大きな意義をもつものであるということができる。そしてこの点は、具体的に、刑法改正問題において、草案の国家主義、保安主義、完全主義、犯罪化傾向を批判する対案グループの見解を代表するものとして主張されたものである。(2)

違法性ないし刑法の役割についての見解の相違は、解釈論にも影響を及ぼし、結果無価値と行為無価値、客観的違法と主観的違法の対立に関する平野博士の見解がみちびき出される。ここでも、結論的に、ヴェルツェルの行為無価値論と人的違法観が決定的に拒否され、客観的違法とは、まさに法益の侵害または危険を実質的内容とするもので、故意による主観的違法化が原則的に排除されているのが特徴的であるということができる。この点は、すでに述べた平野博士の初期の見解と比べると、まさに一八〇度の転換であるといわなければならない。同じく客観主義の名で呼ぶとしても、その間の基本的な考え方における相違のきびしさと方法論的および実践的意義の大きさを再確認することが要請されるであろう。これを解釈論レヴェルの問題に矮小化すれば、この転換の思想的意義が見失われる危険があるといわなければならない。(3)

責任論については、状況はより複雑であるが、社会的責任論のように非難を棚上げする客観化傾向には反対され、責任主義の貫徹を主張されている点に注目しなければならない。しかし、ここでも、倫理的責任ではない法律的責任の特質が語られ、「責任があるかどうか」ではなく、「どちらの処分が適当であるか」という判断が妥当すべきものだとされるのである。人格形成責任論は、非難を擬制することによって不定期刑を正当化するものとして非難され、行為にあらわれた限度で行為者の人格ないし環境を考慮する実質的行為責任が主張される。しかし、非難としての責任と人格の危険性との関係はなお不分明であり、効果による分類、したがって行為を契機とした危険性の改善措置に傾斜するおそれを排除しえないように思われる。平野博士が制約原理として援用される「均衡の原則」が、犯罪の重さ、したがって違法性との均衡であって「責任」との均衡でないことが、このことをあらわしているように思われるのである。(4)

(1) 後期旧派への批判は妥当であるとして、新派が果たしてどの程度自由主義的でありえたかという点が問われなければならない。その社会改良プログラムは、一方では、犯人の人道的改善であるとともに、他方では、危険な犯人からの社会防衛という側面をもたざるをえなかったのである。社会防衛論の根底にある思想は個人主義であるとするのが平野博士の一貫した把握であるが、防衛されるべき社会の実体とその歴史的性格は今一つ明らかではない。それは、前期旧派のような批判的精神を、したがって、ゆるぎない人権思想を正統に継受したものであろうかという点の論証が必要であろう。牧野博士が教育刑論と主観主義を結合されたのは、全くの偶然的な成り行きだったのであろうか。むしろ、新派は、刑の有効性を高めるために、形式的保障をこえて進む傾向を内在させているのではなかろうかという疑問が生ずる。したがって、この立場に立つ場合には、よりきびしい客観主義的制約が必要であるといわなければならないように思われる。

(2) 平野「現代における刑法の機能」『刑法の基礎』昭四一、一〇一頁以下、「刑法改正草案の総括的批判」法協八九巻一号、『刑法改正の研究Ⅰ』昭四七、一三頁以下、「社会の変化と刑法各則の改正」『刑法改正の研究2』昭四八、一一頁以下参照。もっとも、このような形での法とモラルの区別の主張が、わが国の対案グループの間で異議なく支配的であるというわけではない。それは違法論における結果無価値論と、よりよく結合しうるものであり、行為無価値論への批判を含んでいるからである。

(3) もっとも、平野博士の犯罪論上の見解が、初期のものとすべての点において全く異なっているといえるかは問題であり、より具体的な検討を要するところである。たとえば、未遂論においては、なお故意は主観的違法要素とされ、違法論のレヴェルにおける主観の役割が留保されている。また、法が存在の基本構造に制約されるという目的的行為論の考え方に、なおメリットをみとめられるのかという点も問題とされてよいであろう。

(4) 平野博士は、責任を倫理化することが違法を倫理化することにつながると考えられているようであるが、果たしてそうであろうか。むしろ違法を客観化し、責任を主観化することこそ、真の客観主義だといわなければならない。法律的責任は、一方で積極的責任主義を排除するが、他方で帰責の道義的基礎をも失わせてしまうおそれがある。たしかに、責任は「擬制」をまぬがれないが、可能な限り擬制でなくするための努力が払われなければならない。法律的責任による平均化だけでは、なお問題がのこるように思われる。責任論については、なお論ずべき重要な問題があるが、ここではふれる余裕がない。平野博士の責任に関する見解については、『刑法の基礎』昭四一、三頁以下参照。

五　罪刑法定主義論

罪刑法定主義についても、平野博士の見解は、その古典的形態を前提として現代的な機能を積極的に提示するというアプローチによって貫かれているということができる。それは、罪刑の法定から実体的デュー・プロセスの考え方への移行をあらわしているといえよう。

罪刑法定主義の政治的根拠が、国民主権と三権分立思想に由来する民主主義の要請と、予測の可能性という自由主義の要請とから成り、前者が法律主義、後者が事後法の禁止にあたるとする説明には、おそらく異論はないであろう。このうち、とくに後者の事後法禁止に関連して、行為時に適法な行為のみでなく、違法ではあるが不可罰であった行為を処罰し、軽い処罰を重くすることもこの原則に反すること、公訴時効の事後的な延長にも問題があること、遡及禁止は保安処分にも適用されるべきことが主張されているのが注目されるところである。後にのべる類推解釈の禁止へのかなり厳格な程度を含めて、「法律なければ刑罰なし」という原則の保障的意義が明確に確認されているということができるように思われる。この点は、一九世紀的な古典的罪刑法定主義の緩和と脱皮を主張してやまなかったわが国の新派および旧派の戦前における主張と対比して、やはり戦後の憲法原則の下での民主主義と自由主義の定着を反映したものということができよう(1)。

平野博士によれば、罪刑法定主義の現代的展開は、実体的デュー・プロセス論の中にあらわれる。大陸では、罪刑法定主義は法律による裁判官の拘束という民主主義的側面に重点がおかれたが、英米では、その自由主義的側面に重点があり、違憲立法審査権によって法律の適用を制限する方向が強いとされるのである。これは、形式的な法定主義をさらに実質的に制約しようとする方向のものであるが、憲法の規定の趣旨にてらした縮小解釈がその例としてあげられる。刑罰法規の不明確性および罪刑のいちじるしい不均衡が憲法三一条に反しないかという問題も、実体的デュー・プロセス論の適用領域だとされる。それはまた、法益保護の原則および刑法の謙抑主義と関連して、可罰的違法性、期待可能性の理論にもつながるものとされているのである。それは、形式的な処罰規定を実質的に限定しようとする方向のものである限り、積極的な意味をもつものといってよいであろう。その限定の基準が不明確であるという理由で形式的処罰のほうが明確だとするのは本末顛倒の議論だといわなければならない。しかし、他方で、この実質的な基準が形式的法定主義の保障をこえることはないかという点を警戒しなければならない。この点は、とくに類推解釈をめぐる問題において検討を要すべき論点となるであろう。(2)

(1) ここでも、問題は新派か旧派かという区別ではなく、国家観および人権論にこそかかわるものであったということができる。戦前は、新派・旧派のいずれの側からも、文化国家への信頼のもとで社会と個人の調和が主張される中で、国家刑罰権からの人権の保障という側面があいまいにされ、棚上げされて行ったのである。そして戦後も、この点の反省は必ずしも明確にはなされなかったといえよう。ただ、新旧両学派との関連でいえば、新派が犯人類型論に傾くことによって、より広い実質的な裁量を直接志向したのに対して、旧派が構成要件論によって形式的にしろ法定主義に親近性を示したことはみとめられるであろう。

(2) 古典的罪刑法定主義から現代的罪刑法定主義への移行は、前者の果たした歴史的役割がおわったことを意味するものではない。現在においても、立法による裁判所のコントロールの必要は決してなくなってはおらず、むしろ立法の明確化を要請すべき場合が多いといえよう。平野博士は、現在、一般的にいって、法律があるから裁判官は処罰する必要のない行為まで処罰しているかもしれず、むしろ刑法を廃止して裁判官に全部ゆだねたほうがかえってよい結果が生まれないともかぎらないとさえ主張される(ジュリスト五九九号、昭五〇、一四頁)。それは、形式主義の悪しき側面をつくという点ではあたっているかもしれないが、形式的保障の意義が過小評価されるとすれば問題であるといわなければならない。立法か裁判かではなく、立法も裁判も、明確化を志向しなければならず、濫用の危険に対する不信を慎重に留保しなければならないように思われる。

六　刑法解釈の方法論

被告人に不利益な類推解釈は許されないということが、罪刑法定主義の一つの重要な内容をなすものであることが最初に確認されている。それは、法律主義に反するし、予測可能性を害する事後法だというのがその実質的な理由とされている。

しかし、平野博士によれば、何が犯罪であるかは一義的に定まっているわけではなく、法典の用語が多かれ少なかれ不明確で、いくつかの意味をもちうるものである限り、裁判官は「解釈」という形で、そのどれかを選ばなければならない。それは、自動販売機の機械的操作とはちがうというわけである。そこで問題は、その際の解釈の方法ないし基準は何かという点に帰結される。この点、平野博士によれば、裁判官は、法典のことばのもついくつかの意味のうち、常に最も狭いものを選ぶべきだというわけではなく、どれを選ぶべきかは「ことば」自体のせんさくできまるものでもないとされる。それは、結局、どちらが最も合理的かという判断、つまり目的論的解釈によるべきこととなる。ただし、問題は、刑法の場合に、この目的とは、単に犯罪の抑止という目的だけでなく、罪刑法定主義の根底にある二つの原理とこれにもとづく人権の保障、さらには刑法の謙抑性をも考慮に入れた、いわば「刑法独自の高次の合目的性」でなければならないとされるのである。そして、このような意味から、刑法の解釈は厳密でなければならないと結論づけられている。

以上の叙述の中で注目されるのは、刑法においても他の法領域の場合と同じく目的論的解釈をみとめた上で、刑法の場合に固有の目的による制約によって、結局厳格な解釈をみちびくという論理構成の仕方である。ここでも、刑法だけが目的論的解釈を排して、「ことば」の形式的解釈に従うべしという形での形式主義的アプローチを拒否する態度が一貫してあらわれているように思われる。形式的な枠（定型）をこえたかどうかではなく、刑法的合目的性の観点からする実質的な合理的解釈が志向されているといえよう。しかし、ここではまず、目的論的解釈の内容とその方向に注目しなければならない。従来、目的論的解釈は、立法の趣旨を犯罪の抑止と法益保護の利益において、形式的な「ことば」をこえて実質的に考慮しようとするものであって、厳格性の方向に制約する機能はほとんど有しなかったといってよいように思われる。その限界逸脱の危険性が指摘されたのもその故である。この点で、平野博士は、人権保障をも目的の中に投入することによって制約機能を期待されるのであるが、問題は果たしてそれが可能かという点にある。最大の問題は、犯罪抑止の目的と矛盾する場合にその接点をいかにして設定するのかという点にある。「ことば」と形式がきめ手でないとすれば、それが厳格解釈に向う保障をどこに求むべきかという困難な問題がのこらざるをえないように思われるのである。(1)

これまで類推かどうか争われたケースについては、平野博士が、電気窃盗の事件は実質的に考えると罪刑法定主義に反していると明言されているのが何よりも注目される。この点で、平野博士の実質的アプローチがかなりの厳格さを具体的に示すことがうかがわれる。しかし、なぜ所有物を「有体物」と解釈することが合理的で「管理可能性のあるもの」と解釈するのが非合理的なのか必ずしも明らかではないともいえよう。ガソリンカー事件については、判決がどちらかといえば類推解釈的な表現をとっているが、電気窃盗事件より実質的には問題が少ないであろうとされているが、なぜそうなのかという点も問題としてのこるであろう。しかし、平野博士が最近の写真コピーの偽造事件判決についても、これを許されない類推として批判されている点からしても、通説には見られない合理性のより厳格な基準が用意されていることはたしかであり、その基準の具体的分析が要請されるというべきであろう。(2)

(1) 平野博士の議論は、形式的文言が広くて、これを目的論的解釈によって実質的に限定するという場合には有効でありうる。しかし、逆の場合、つまり、形式的文言がせまくて犯罪抑止の合理性を欠くような場合には、文言をこえた拡張にいたる危険がある。そこでは、目的のレヴェルでの調整ではなくて、形式的な文言の枠と処罰の実質的合理性との間の矛盾と二者択一にせまられることになる。もちろん、解釈は実質的判断に依拠せざるをえないが、ここでは、文言にどれだけ忠実かという点が、厳格解釈の方向を担保する重要な基準であるように思われる。平野博士は、類推解釈か拡張解釈かという問題も、論理の形式だけの問題ではなく、罪刑法定主義の基礎にある原理に反するかどうかにあるとされるのであるが、同時に、類推という論理形式をとること自体が刑罰法規を不当に拡張する危険をはらむものであることをみとめられているのである。

（2） 平野「罪刑法定主義の感覚」警察研究四九巻二号、昭五三、三頁以下参照。そこでは、「電気とかコピーとかの社会的機能が物や原本に近いからといって、それだけで窃盗や文書偽造として処罰しようとするのは、罪刑法定主義の感覚に欠けるという批判を免れない」とされている。それは、刑法自体の社会的機能を重視することとは別の問題だといわれるのである。

七　結　語

平野刑法学の特色を明らかにすることはきわめて困難な課題に属する。それは、何よりも、従来の固定的な図式や命題をその推論の根拠にまで立ち入って批判し、これを意識的に変革しようとするものであって、その意味と射程を見定めること自体に困難を伴うことを覚悟しなければならないのである。

戦後初期における平野刑法学の出発点は、目的的行為論への傾倒によって方向づけられるかに見えたのであるが、これをうけた他の論者による継受と目的的行為論の興隆にもかかわらず、平野刑法学は刑事政策と経験法学を土台として大きく転回し、刑罰論を経て、最終的にあらわれた犯罪論は、かつての見解とは基本的に異なったものとして定着したのである。それは、平野刑法学が描いた軌跡であるが、その多くの問題提起によって、次第に学界を大きく動かす影響力を増しつつあるように思われる。その問題提起が、理論的にも実践的にもいかなる意味と効果をもつものであるかという点を慎重に見定めた上で、何らかの態度決定をせまられることになるであろう。しかし、なお当分は、そのための準備が慎重になされなければならない。団藤刑法学との対抗関係を問題毎に煮つめて分析することも、その一つだと思われる。

第8章 若干の総括

一 序

以上で、わが国の主要な刑法学者七人について、大体同一の手法を用いて、その基本的な刑法思想の内容と特色を明らかにする作業を一応終了した。そこで、本章では、以上の検討を総括する形で若干の問題を整理し、私見の一端をも加えてみたいと思う。

時代的諸条件の相違を棚上げして諸家の見解を機械的に並列的に比較することがあやまりであり、問題の本質を見失わせるものであることはいうまでもない。その意味で、基本思想の変遷を時代的背景との関連で跡づけることが必要である。これを、学者の側から見れば、主体的にそれぞれの時代思潮をどのようなものとして観念し、これに対応しようとしたかという点が問われなければならないであろう。それは、現代の刑法学および刑法学者の課題を主体的に定立しようとする場合に、歴史的遺産から学ぶべき教訓を主体的に引き出すために必要な前提であるということができるであろう。

犯罪と刑罰に関する諸家の見解を検討する場合に、刑罰論からはじめて犯罪論にいたるという順序自体にすでに一定の意味が含まれているといえようが、それは、政策論を前提としてその内部に解釈論を位置づけようとするものといってよいであろう。刑法学を規範の解釈論に限定し、またはこれを刑法学の独立した中核部分と考える思考自体も一つの歴史的産物なのであるが、これを一般化することはできない。もっとも、解釈論自体も単なる論理的整合性のレヴェルをこえた思想的ないし実践的意義をもつものである以上、これを軽視することはゆるされず、基本思想をふまえた内容分析が推進されるべきであろう。学派の争いは、解釈論のレヴェルをこえて、立法論にも刑事政策論にも関連するのであり、その故にこそ、思想と世界観が必須に要請されるというべきである。

罪刑法定主義は近代刑法の基本原則の最も中心的なものとされているが、その歴史的運命は必ずしも安泰ではなかった。ナチスやソ連による一時的否定の後、再確認されているとはいえ、その現代的状況と見通しは必ずしも楽観的とはいえないように思われる。類推解釈の問題をも含めて、諸家の示したこの問題への対応とその意味を再検討することの意義は大きいといえよう。

そこで、以上のような観点を前提として、各問題ごとに若干の検討をこころみることにする。

二　基本思想とその変遷

上述の諸家について、刑法の基本思想の形成と発展ないし変遷のプロセスを跡づけた叙述の部分をあらためてよみかえしてみると、その中からいくつかの点を教訓として引き出すことができるように思われる。その若干のものを次にあげてみよう。

一　まず第一に、わが国における現代の刑法学に影響を及ぼした刑法思想のこれまでの流れを全体としてどのように分類し整理すべきかという問題がある。もちろん、単純な図式化は危険であるが、少なくとも上述の諸家の刑法思想の継受ないし相互関連を明らかにする中で、一定の仮説を立てることは可能であり、また必要であるように思われる。

まず、新派の陣営から見ると、牧野博士の長期にわたる巨大な影響力が何よりも注目されるが、しかしその反面、これを継承発展させて行く展望がなお不分明であり、表面的に見る限り、直接の後継者にむしろ乏しいようにさえ思われる。木村博士はもちろん有力な後継者であったが、とくに戦後における目的的行為論への軌道修正は、牧野刑法学の発展というよりは、むしろ旧派への接近を意味するものであったということができよう。牧野刑法学の積極的側面であると見られる目的刑・教育刑思想は、行刑改革を含む刑事政策思想を推進することに貢献したことは事実であるが、その行為者主義と主観主義がわざわいして、刑法の保障機能を危険ならしめたことが致命的であったといわなければならない。戦前、マルクス主義の陣営からなされたはげしい牧野批判も、この人権侵害の危険に向けられていたのである。戦後は、憲法による保障の下で、行為者主義と主観主義への批判が一般化されることによって、牧野刑法学のような形での目的刑と主観主義の結合は、その実現を阻止されているといえよう。しかし、目的刑論から出発しつつ、行為者主義と主観主義を避け、これを可能な限り客観主義的に限定しようとする今一つの途がのこされている。それは、かつてリストの目ざした途であったが、平野博士の基本的立場も本質上ここに位置づけられうるように思われる。客観主義的限定は、罪刑法定主義の堅持と違法論における結果無価値論の自覚的展開によって基本的に果たされているといってよいであろうが、責任論における決定論からの非難の基礎づけと、刑事政策における形式的合法性の軽視傾向については、なお原則的な問題がのこされているといえよう。

一方、旧派の陣営はどうであろうか。小野博士の思想が基本的に団藤博士によって継受されたと見てよいことは上述したところから一応明らかであろう。しかし、すでに小野博士の見解の中に、国家主義と自由主義との交錯が見られたのであり、それは後期旧派として性格づけられるとしても、戦後は相対的に国家主義的色彩が緩和される傾向にあるといえよう。この傾向が団藤刑法学に与えた影響は、憲法による人権保障の要請によって促進されたということができる。しかし、応報刑論が自由意思の名において積極的責任主義に傾くおそれは、なお強く、本来旧派に固有であったはずの客観主義的制約も、必ずしも確実とはいえないという問題がのこされている。それは、違法の倫理化によって人的違法から行為無価値論に流れる危険性を内在させている。罪刑法定主義と構成要件論が援用されるが、それらは形式的な性格にとどまり、しばしば価値的観点によって合目的的に解釈されることを妨げないのである。

そこで、応報刑の立場から出発しつつも、国家主義への途を排し、刑法の倫理化を警戒して、客観主義的制約を貫徹しようとする方向が目ざされる。瀧川および佐伯博士の立場がこのような観点から位置づけられうるものと考えられる。瀧川刑法学には二つの側面があり、資本主義刑法の本質批判の側面はマルクス主義的観点に接近するとともに、解釈論の部分は、必ずしも徹底しないところもあるが、総じて厳格な態度が守られているといえよう。刑事政策への一般的な消極主義は無難ではあるが、現実的な対応を欠き、改革への展望を見出しえないという弱点をもたざるをえなかったのである。一方、佐伯博士の場合には、すでに戦前から目的刑への架橋のこころみがなされており、とくに戦後はナチスへの批判を通しての客観主義的制約が、違法論における結果無価値論の展開となって自覚的に主張されている。可罰的違法性や期待可能性による形式的構成要件の実質的制約という発想も、平野博士との共通性を思わせるのである。

このような方向は、積極的責任主義に批判の目を向けることによって、道義的責任を「法律的責任」にまで合理化しようとする。それだけ応報刑の色彩がうすくなるのであるが、それがなお目的刑に移行せず応報刑にとどまるとすれば、その相違はどこにあるのかという点が最終的に問われなければならないであろう。これは、微妙な問題であるが、法律的責任を擬制としてではなく行為者による違法行為の選択への非難として構成することによって、責任による制約を志向するかどうかにかかっているといえよう。それは、処罰の正当性を担保することによって目的刑を制約する役割を果たすべきものである。わたくし自身は、この役割をなお無視することができないと考えるので、目的刑論に移行することはできない。

二　上述の諸家の刑法思想における変遷の意味をさぐる場合に、戦前の問題状況を逸することはできない。それは、戦後の刑法思想にも大きな影響を与えているからであり、その間の連続と遮断の弁証法的なダイナミズムを知ることは、歴史的興味以上に現実的な意味をもつものといってよいであろう。そして、戦前の古い著作を読んでおどろくことは、すでにその中に、今日われわれが問題としているような論点と同じものをしばしば発見しうるという事実である。現行刑法典自体が一九〇七年（明治四〇年）の産物であることを考え合わせても、国家刑罰権の行使がいかにそれぞれの時代の社会・経済的ならびに政治的状況、さらには治安と人権（社会と個人）、法とモラルに関するイデオロギー状況と密接に結びついていたかを知ることができる。この点における社会の進化はきわめて遅々たるものであって、むしろ基本的な問題は未解決のまま現在でもなおのこされているといってもよいであろう。しかし、それにもかかわらず、刑法思想の変遷を促すものは究極的において時代の歴史的な状況変化であり、その基本的な方向を洞察することが重要な課題であるといえよう。

戦前における上述の諸家の刑法思想を見る場合には、新派と旧派との学派争いの対抗関係は実は現象形態にすぎず、実際にはその基礎に二つの大きな時期区分と時代状況の相違を見ることができる。大まかにいえば、昭和初期までの、とくに大正デモクラシーに洗われた比較的自由主義的な時代と、その後、敗戦までつづいたところの軍国主義的な国家主義の時代との区別がそれである。結論的にいえば、前期においては、新派も旧派もそれぞれのメリットを発揮しうる余地がなお存在していたということができる。新派のほうは、犯罪を社会的問題としてとらえ、犯罪人の救済と社会への復帰を人間への復帰とみなす人道精神を具えており、それは部分的に社会改革にもつながりうるものであったということができる（牧野博士の社会主義への関心）。一方、旧派のほうも、法律刑と正義による応報の観念によって、国家刑罰権の目的的な行使から個人の自由を擁護するという側面をなお保持しえていたといえよう（国家絶対主義への小野博士の批判）。これらはいずれも、大正デモクラシー時代の一般的な自由主義的思潮と、社会的矛盾に対する多少とも階級的性格をもったアプローチへの接近を条件として生み出されたものということができよう。

しかし、刑法思想の一時的な自由主義化の時期は長くはつづかず、後期への移行によって変貌を遂げることになった。新派は、社会改革への途を閉ざし、軍国主義的な国防国家をも「文化国家」として受容し、ナチスの教育刑をも受容することによって、結局、全体主義的な社会防衛論への途を歩むことになったということができる。他方、旧派のほうも、個人主義と自由主義を旧時代のものとして棚上げし、国家的道義を実現すべき国家の刑罰権の権威的正当化の途を歩むことになったが、ここでは、ナチスの応報刑と贖罪思想への傾倒とともに、いわゆる日本法理と淳風美俗論からの全面的影響が特徴的であったということができよう。このような変遷をもたらしたのは時代状況の変化であるが、刑法思想のレヴェルにおけるその変遷の跡をたどり、その原因を検討することは、再び同じ轍をふまないためにも、きわめて重要な歴史的課題であると考えられる。

三　戦後社会の転換は、このような変遷に終止符をうち、刑法思想は戦後の憲法による民主主義と自由主義と基本的人権を柱として再建されるべきことになった。治安立法は廃止され、刑法の一部改正が行われて、そのための有利な条件が作られたが、しかしこの転換は結果的には必ずしも明確な形では進行しなかったように思われる。

上述の諸家の個人的レヴェルにおける転換の努力を別とすれば、全体としてこの転換を自覚的なものとして展開するための客観的および主体的条件はなお成熟していなかったといえよう。したがって、何か新しいものに対する漠然たる関心と待望以上に進むことは一般に困難であった。しかし、新憲法の路線はすでに既定の事実であったので、新派の合目的的な社会防衛論が憲法の人権思想に反するとして敬遠され、罪刑法定主義と構成要件を形式的にのこしていた旧派の思想が憲法の精神によりよく適合しうるものとして定着するという現象が生じたのである。

この点は、とくに犯罪論の分野においていちじるしく、旧派客観主義は基本的な姿をそのままに戦後の通説におさまったということができる。それは、わが国の新派が犯罪論の分野であまりにも主観主義的であったことの結果であったといえようが、しかし問題は、後期旧派に付着していた濃厚な国家的道義主義の側面が果たしてどの程度の批判にさらされたかという点にある。極端なナチス思想と日本法理さえ除去すれば、基本的には妥当であり使用可能と考えられたのではないかと思われる。そして、この点の批判の不徹底が、戦後旧派のその後の変遷を規定することになるのである。その一つは、犯罪論内部における形式主義と規範化・倫理化の方向であり、他の一つは、犯罪論優位のドグマティカルな体質と刑事政策への消極的対応であるということができる。平野博士の批判は、この点をつく限りにおいて、きわめて正当でありかつ説得的であるということができよう。

一方、新派の復権は戦後の刑事政策の展開によって準備されて行くのであるが、これが刑罰論をふまえて体系化されるまでには、しばらくの時期の経過が必要であったということができる。

四　戦後の歴史も三〇年以上を経過し、その間の複雑な過程を簡単に要約することは困難であることをみとめなければならない。それに対応する刑法思想の流れと問題状況についても、多くの媒介項を考慮しなければならない限りにおいて、より複雑で困難であるといえよう。

しかし、ここでは、上述した戦後の転換後の刑法思想の最近までの流れを見わたした場合に、そこにどのような特徴があるかを、とくに上述の諸家の刑法思想との関連において若干指摘するにとどめる。

まず、通説におさまった旧派の状況はどうか。戦前の旧派に見られた国家主義と権威主義の強調が戦後は相対的に緩和されたことは上述した。しかし、それが徹底した自由主義へと明確に転化したことを証明するものは存在しない。むしろ、犯罪論内部でも、目的的行為論の影響の下に主観化と倫理化の傾向を内在させており、刑事政策的にも、積極的責任主義と犯罪化の傾向を捨てきれない状況にあるといえよう。折衷主義の名の下に、基本思想を不明確なままにのこす傾向も増大しているが、具体的な刑法改正問題への対応の中にそれがあらわれつつあるといえよう。この点で注目されるのは、いわゆる「対案グループ」の動きであるが、旧派に属しつつも、より自覚的に自由主義的であろうとする志向をそこに見出すことができる。ただしその場合にも、刑事政策への広い関心を共通にしながらも、国の刑事政策への具体的な対応において、より原則的な慎重さを留保しようとするかどうかという点に、態度決定の相違をみとめることができるように思われる。

一方、新派の状況はどうであろうか。その主観主義的傾向が犯罪の成立範囲を不当に拡大するおそれがあるとして一般に拒否されている状況は、なおつづいている。しかし、刑事政策論は本来新派の主張の具体化であり、刑事政策の時代といわれる今日、ますます広い適用可能性を予測させるものがある。そして現に、そのインパクトはますます増大しつつあるということができる。平野刑法学は、刑事政策から刑罰論を経て犯罪論へという形でこの課題を体系化したものといってよいであろうが、犯罪論が客観主義的な性格のものとなることによって、一方では、旧派刑法学へのインパクトを高めるとともに、他方では、新派の刑事政策そのものの客観主義的制約としても機能するという役割が期待されているものといえる。現在から将来に向けての影響力の増大を考慮すれば、それがわが国の時代状況の中でいかなる役割を果たしうるかという点の検討が重要な課題だといってよいであろう。

五　最後に、今一つの課題設定をするとすれば、わが国の刑法思想がマルクス主義とどのようにかかわってきたのかという点の分析についてである。そこにはいくつかの問題が含まれている。

一つは、戦前において、ナチスの刑法思想とならんで、新生のソ連邦の社会主義刑法への関心もかなり高かったという事実である。ピォントコフスキーの「マルクス主義と刑法」もかなり広く読まれたといわれる。瀧川博士をはじめてとして、上述の諸家にも多かれ少なかれ影響を与えたものといえよう。しかしそれは一時期のことで、上述の後期にいたってその関連は全く断ち切られることになったのである。当時の議論を混乱させたのは、ソ連の刑法と刑法理論が罪刑法定主義を否認し教育刑に立つことによって戦前の新派実証主義と共通の方向を示し、類推規定の導入においてナチスと共同歩調をとったことである。そのこと自体の当否はさておくとしても、わが国の刑法状況を念頭においてこれを批判的にうけとめ、主体的に利用するだけの用意が十分でなかったといわねばならないであろう。マルクス主義者の側からの批判が一般的に原則論の域を出なかったことも、当時としてはやむをえなかったといえよう。

次は、戦後の状況であるが、いわゆる民主主義的刑法学がマルクス主義をも含んで成立し発展しうる条件がそこには存在したといえる。しかしそれは、治安刑法の批判という点では先進的役割を果たしたものの、刑法思想の流れ全体のイデオロギー的分析という点では不十分であって、旧派の良心的部分を形成するという役割にとどまっていたということができよう。それは、治安、労働、公安の領域については当然大きな関心を示したが、他の領域にもこれを及ぼすことによって、全体的なインパクトを与えるというまでにはいたっていない。現象の階級的な本質批判と現行法の合理法解釈とをどのように結合すべきかという点でも、依然問題がのこされている。とくに解釈論の軽視傾向を克服することが課題であるといえよう。

社会主義刑法への関心についていえば、ソ連をはじめとする社会主義諸国の刑法の理論と実践の両面における停滞状況が否定的役割を果たしていることを否定できない。しかし長い目で見れば、「社会主義」との関連という側面は決して無視しえないものとなることは明らかであろう。冷静に見守ることによって、その中からわが国の問題を考える場合の教訓を引き出すべきものと考えられる。(1)

(1) 本文は、一九七九年に執筆したものであるが、その後、一九八九年にベルリンの壁が崩壊し、一九九一年にはソ連邦自体が解体するという歴史的な事実があった。中国やキューバなど、「社会主義国」は若干残っているが、すでに体型的なインパクトは色あせたものになっている。したがって、「社会主義」との関連という側面は姿を消したように思われるのであるが、しかし、そのことによって、刑法のイデオロギー性とイデオロギー的な批判的分析の必要性まで否定されたわけではないことを指摘しておきたい。なお、私自身も、ソビエト刑法研究の反省的な総括をしたものがある(中山「私の社会主義刑法研究―一つの総括と反省」京大法学部創立百周年論文集、二巻、三九九頁以下、一九九九年)。

三　刑罰論

一　上述の諸家の刑罰論のうち、まず応報刑論の主張の中に含まれている問題のいくつかをあげて見よう。

まず、応報刑論の一つの典型は小野博士の所説の中に見出すことができるが、その特質を今一度ふりかえっておかなければならない。そこでは、刑罰は反道義的行為としての犯罪を理由として道義的責任ある行為者に対して科せられる法律的制裁であり、つまり道義的・国家的応報であるとされる。応報的正義は道義的な国家的正義感によって支えられ、一般予防は国家的道義秩序の維持に、特別予防は道義的意識の覚醒による贖罪に帰せられる。初期には、目的刑主義が無用に処罰の限界を拡張するとして、正しい応報による処罰の限界づけが志向されたように見えるが、やがて重点は刑罰の道義的根拠の正当化に移り、目的刑論は個人主義的な功利主義として排除されたのである。それが今日積極的責任主義として批判される所以である。

団藤博士の場合には、非難としての刑罰が本質上規範的・倫理的なものであるという意味で応報刑であるとされるが、同時に、刑罰が犯罪と均衡を保つという要請を制約原理として提起されている。国家的道義の強調も相対的に緩和されている。しかし、ここでも、一般および特別予防がともに規範意識の覚醒と贖罪におかれることはかわりがなく、市民的改善への合理主義的制約という発想は見当たらないのである。主体的な自由意思を前提としなければ、科学的合理主義によって人間性の尊厳が危うくなるとするのが団藤博士の主張であるが、責任主義による制約がどのようにして実効性を確保しうるのかという点とともに、それが積極的責任主義から刑法の倫理化にいたる危険を排除しえないのではないかという疑問がのこるであろう。

そこで、瀧川および佐伯博士の応報刑論では、その点がどのように解されているかを見てみなければならない。瀧川博士の場合には、刑罰の本質は、はっきりと応報であるとされているが、そこでは応報観念がなお抜きがたいという経験的事実とともに、応報による均衡原理が近代社会の構造にふさわしいという相対的把握にもとづいていたことが注目される。犯罪は道義違反ではなく利益の侵害であるとする違法観も、国家主義的な方向への道義的拡大を妨げる歯止めになったものということができよう。その結果、一般予防と特別予防にも法治国思想による制約が、害悪の適用にふさわしい慎重さとともに要請されたのである。一方、佐伯博士の場合には、戦前からすでに目的刑論との架橋をはかる理論的努力がつづけられていたが、戦後はとくに道義的責任の強調が緩和され、応報刑論の色彩は一段とうすくなっているということができる。罪刑の均衡という点に責任主義の制約的機能がみとめられる限り、応報刑の前提はなお失われていないともいえようが、しかし目的刑の濫用の制限という発想は、責任は擬制を伴うという形での決定論への傾斜とともに、すでに応報刑論から目的刑論への転換をすら思わせるものがある。果たしてどこにその接点があるのかという点をあらためて検討し直すことが必要となるであろう。なお、佐伯博士の場合にも、結果無価値論が違法の倫理化を防ぐ役割を果たしていることをつけ加えておく必要があろう。

二 次に、目的刑論の状況はどうであろうか。

まず、牧野博士の目的刑・教育刑論の特色は、応報刑が先験的な倫理的原則として回顧的なアプローチであるのに対して、目的刑が現実の犯罪対策として展望的であるとして両者を対比させ、前者から後者への「進化」を主張された点である。それが、とくに特別予防論と結合し、行刑の改革を展望する改善刑・教育刑の思想となったことは周知のところである。一般予防目的の超過は特別予防目的によって制約されるが、問題は、特別予防目的が大きい場合である。牧野博士はここで、累犯の加重が社会の保全を理由とするものであり、また常習累犯への不定期刑もこの観点から正当化されるといわれるのである。そこには、特別予防目的への歯止めがないことに注意しなければならない。

木村博士の教育刑論には、応報刑論との関係が単に回顧か展望かという点をこえて、より具体的に語られている。とくに、戦前後期において、木村博士の応報刑論批判がこれを個人主義的、自由主義的法治国思想にもとづく等分的正義の表現としての制約原理にとどまると批判して、教育刑論こそがこれを克服して、より高次の配分的・団体的正義を目ざすものであるとされていた点が注目されるところである。しかし、これはナチスの教育刑思想への接近を意味するのであって、この段階では応報刑論も目的刑論も、争って個人主義と自由主義の超克を競い合っていたのである（道義的教育刑論）。むしろ教育刑は、前期に主張されていたように、受刑者の人権と法的地位を確保するなどの法治国的制限に服すべきものとされなければならない。そうなれば、刑の量を制約する原理も必要とされるはずであったが、木村博士の刑罰論には罪刑均衡の要請は姿を見せていないのである。

そこで、最後に、平野博士の目的刑論の特色を見ておかなければならない。まず注目されるのは、刑罰の目的としての一般予防と特別予防がともに内在的な制約原理にもつべきものとして理解されている点である。前者の一般予防では、犯罪抑止のために必要な刑だけが、後者の特別予防では、改善に役立つ刑だけが正当化されるといわれるのである。しかし、その基準は実質的なもので必ずしも明確でなく、制約よりもむしろ拡大への危険をもはらんでいる。そこで、抑止刑の要素として、「均衡原則」が援用されることになる。こうして結論的には、罪刑均衡の枠内で目的刑が運用されることになり、応報刑論からの帰結とそれほどの相違は生じないことになるであろう。しかし、むしろ問題は、応報刑論からする罪刑の均衡が責任の根拠を倫理化することによって限界設定をあいまいにし、責任の追及という形での積極的責任主義におちいる危険が批判されている点にある。応報刑論は非科学的な自由意思に固執することによって刑罰目的との架橋を不可能にするばかりでなく、責任を倫理化し、さらに違法をも倫理化するおそれがあり、国家主義的な道義刑法論にいたると批判されるのである。かつての木村博士による批判とは逆に、応報刑論は国家主義的であるのに対して、目的刑論こそ自由主義的だとされるわけである。

三 刑罰論における応報刑と目的刑の争いは、責任論における道義的責任と社会的責任の間の争いと深くかかわっており、その関連を解きほぐすことは困難な課題である。しかし今日では、問題はかなり限定されてきているということができる。

応報刑論においても、意思の絶対的自由を前提とする道義的責任の強調は相対的に緩和され、刑の目的的機能との結合がはかられてきているということができる。しかし、それがどこまで可能であり、またどのような帰結をもたらしうるかという点はいまだ明らかでなく、十分ににつめられていないといえよう。問題は、応報刑論の予定する「責任」がいかなる機能と役割を果たしうるかという点にある。それが、責任の名において広く国家刑罰権を正当化する方向をたどるとすれば、それは積極的責任主義として拒否されなければならない。一方、それが責任主義の名において目的刑の拡大傾向を制約しうるものとすれば、それは消極的責任主義として採用されるべきものといえるであろう。しかし、さらに問題は、このことを可能ならしめる保障がどこに見出されるべきかという点にある。一つの鍵は、違法の倫理化を回避してこれを結果無価値論的に再構成することにあると考えられるが、果たしてそれだけで十分であるのか、「罪刑の均衡」とは何を意味するのか、「責任との均衡」はこれにいかなる修正を加えるのかといった点の検討が必要であるように思われる。

新派の目的刑論のほうも、徹底した社会的責任の形で論ぜられることはなくなり、「非難」のモメントを媒介することによって責任主義との調和がはかられている。問題は、この非難が法的非難といわれて倫理的非難とよばれてはならないとされることの理由がどこにあるのかという点である。決定論とは果たして倫理的非難を排除せねばならない二律背反であろうかという点が問われなければならない。次に、目的刑論においても罪刑の均衡が援用されなければならないとされることの意味も問題とされるべきであろう。それが果たして責任による限定といえるものかどうかという点に、なおのこされた問題があるように思われる。ともあれ、応報刑論も目的刑論も、国家主義的でなく自由主義的な観点からこそ再構成されなければならないというのが共通の課題であることを忘れてはならない。

四　犯罪論

犯罪論における対抗関係は客観主義か主観主義かという点にかかっている。それは、本来責任論をも含むものであるが、この点は刑罰論との関連で問題としたので、ここでは、違法論における対抗関係を中心として若干の整理をこころみることにする。

一　まず、主観主義の思想は、牧野博士において最も徹底した形で主張されたのであるが、その犯人類型論、行為の徴表的性格、犯罪規定の単純化と裁判官の裁量の拡大、常習犯類型の導入と保安処分の創設といった点にあらわれた行為者主義の主張は、戦前においても、まして戦後においては、原則的にその実現をはばまれているということができる。行為主義と罪刑の均衡が失われれば危険だという批判が共通に提起されたのである。しかし、旧派といえども刑事政策の発展方向そのものを否定することはできないので、問題はこれを制約する原理をどのような形でどの程度定立すべきかという点にかかっているといえよう。

固有の犯罪論の分野でも、主観主義は行為の客観的側面よりも主観的側面に重点をおくという一般的傾向をもつものといってよいであろう。たしかに、それは主観説といわれるものを一般に代表するものといってよいであろうが、違法論と責任論へのあらわれは必ずしも一律でないことに注意しなければならない。実行の着手の主観説および共犯独立犯説などは犯罪徴表説からの直接的帰結であるといってよいであろうが、責任論の分野では、むしろ客観説としてあらわれるのである（過失や中止犯における客観説）。つまり、主観主義とは違法を主観化し責任を客観化するという性格のものということができる。ただし、客観的違法か主観的違法かという点については、牧野・木村両博士とも客観的違法の立場を守っておられるだけでなく、とくに牧野博士の場合には、犯罪は法益の侵害だとされることによって義務違反や倫理違反という発想は存在しなかったことが注目されなければならない。ただし、木村博士は戦後、目的的行為論を受容することによって人的違法観と行為無価値論を主張されたことは周知のところである。

したがって、犯罪論における主観主義を拒否するという場合に、それは何を意味するのかを具体的かつ個別的に論定すべきであって、形式一律的アプローチには決定的な限界があるといわなければならない。

二　次に、客観主義の犯罪論に内在する問題に触れなければならない。それは、行為主義と構成要件論、客観的違法論と罪刑の均衡原則などにおいて共通性を示すことによって、通説的存在を占めているように思われる。

しかし、一たびその内部に入ってみると、犯罪論の内部における行為の外部的・客観的側面と内部的・主観的側面との関係および順序と比重のおき方はさまざまであり、時代による変遷もかなり顕著であることを見出すことができる。たとえば、客観的違法論はなお一般にみとめられている。とはいえ、その内容にはすでにいちじるしい変化が生じており、故意が例外なく主観的違法要素とされながらなお客観的違法論の結論は維持されうるものとされている。そこにはすでに、違法観したがって犯罪観の転換が見られるのであって、それは刑法の基本思想にかかわる重大な意義をもつものといわなければならない。それは今日、結果無価値論か行為無価値論かという形で争われている論争問題であるが、それが違法性ないし犯罪の主観化と倫理化にどのように対応するかという方法論的な態度決定にかかわる問題であることが注意されなければならないであろう。そして、この点において上記諸家の見解を見れば、小野、団藤博士と、瀧川、佐伯、平野博士との間にかなり明確なアプローチの相違を見ることができるのである。

なお、客観主義の犯罪論の内部においては、構成要件の定型的把握を中核とするいわゆる形式客観主義的アプローチ（小野・団藤）と、実質的違法性による限定を目ざす実質客観主義的アプローチ（佐伯・平野）とが見られ、その功罪を比較的に検討する必要があるが、ここではその課題性を指摘するにとどめざるをえない。

五　罪刑法定主義論

罪刑法定主義の原則に対する上述の諸家の見解を、とくに戦前からの変遷としてフォローして見ると、ここでも新派か旧派かという区別は第二次的なものであって、国家主義か自由主義か、集団主義か個人主義か、社会の利益か個人の利益かという点に関する基本的観点の相違とこれを支える時代状況の変遷こそが決定的であったといいうるように思われる。しかし、ここでも、新派と旧派にわけてその対応状況を簡単に整理してみることにする。

一　まず、新派のうち、とくに牧野博士が罪刑法定主義の緩和と解消に終始熱心であり、これを旧派との論争問題として意識的に位置づけられていたことは周知のところである。その理由は明白であって、社会防衛、主観主義、特別予防、教育刑の実現にとって罪刑法定の制約が障害となるものだからである。文化国家の刑事政策は信頼されてよく、むしろ刑によって促進されるべきだとされたのである。そこには、国家観における致命的な甘さを見ることができるが、それ自体は必ずしも国家主義のイデオロギーではないように見える。しかし牧野博士の場合にも、刑法を犯人に対する社会の防衛とするのが現代思潮であるとし、一九世紀の個人本位時代から二〇世紀の社会本位時代への進化が語られていたことに注意しなければならないであろう。

木村博士の場合にも、古典的な罪刑法定主義が個人主義的政治思想の産物であって、社会本位の団体主義によって修正をせまられることがみとめられていた。そして、戦後においても、その思想的転換にもかかわらず、罪刑法定主義を厳格解釈にまで徹底させることは、個人的利益を一方的に偏重して社会的利益を無視する結果になるとされたのである。したがって、ここから、類推解釈の禁止についても厳格な態度を期待することはできない。とくに、牧野博士の場合、自由法運動が目的論的な進化論的解釈の自由を強く要請したのであり、その積極的な進歩的役割は一貫して疑われることがなかったといってよい。その際の基準となる時代思潮の把握が社会本位に動けば、実質的な目的の援用は処罰の制約でなく拡大をもたらすことは必然的な帰結であった。木村博士の場合には、戦後、類推禁止へとその態度を転換され、明文の形式的限界をこえてはならないとされたが、これまで類推の疑いがあるとされたケースはいずれも単なる拡張解釈にすぎないとして、実際にはかなりゆるやかな幅を留保されている。

この点との関連で、平野博士のアプローチが注目されるのであるが、そこでは、新派の目的刑主義に立ちつつ、罪刑法定主義の保障的側面を自由主義的な制約原理として位置づける基本的姿勢を見ることができる。憲法の要請するのは実体的デュー・プロセスであるとして、形式的立法の憲法制約的解釈こそが罪刑法定主義の現代的機能であることが強調されているのも注目されるべき点である。それは、牧野博士などがいわれた罪刑法定主義の促進的機能とはちがうもので、立法への不信を内在させているといえよう。しかし、ここでも、罪刑法定主義の古典的機能であった立法による形式的保障との関連が問われなければならない。それが、裁判への不信を棚上げする方向にあるとすれば問題であるといわざるをえないように思われる。しかし実際には、類推かどうか争われたケースに対する平野博士の対応は、文言の形式的枠という発想からではないが、罪刑法定主義の自由主義的原理をふまえることによって、結果的にかなり厳格なものとなっていることが注目されるのである。このレヴェルで、目的論的解釈が拡大ではなくて制約的機能を果たしうるのかどうか、その限界と基準をどこに立てるべきかという点がさらに検討されるべきであろう。

二　旧派の陣営からは、罪刑法定主義と類推解釈の禁止は、より内在的な原則として貫徹されてしかるべきように一見思われるが、しかし決してそうではなく、かなり本質的な問題をかかえていることが、上述の諸家の見解の歴史的変遷の中からうかがうことができる。

まず、共通に見られたのは、罪刑法定主義を罪刑の形式的法定の原則と解し、これを一九世紀の個人主義と自由主義の歴史的産物であるとする理解であったということができる。この点は、罪刑法定主義を近代刑法の最も中核的な原則として一貫して強調された瀧川博士の場合でも同様であって、それは目的論的解釈の自由を制約するような誇張されたものとして理解されてはならないとされていたのである。つまり、初期においては、牧野博士による理解と本質的な区別はなかったといってもよいように思われる。

旧派は、その後共通に構成要件論を中核とする犯罪論の体系的構築に向かったが、小野博士自身の指摘に見られるように、それは主として犯罪体系論上の問題意識から出発したものであって、罪刑法定主義はその派生原則を含めて、すでに当初の重要性を失っているという認識が存在していたのである。このことは、一見奇妙なことのように思われるが、しかしその後の歴史的過程で後期旧派がたどった国家主義への傾斜の中で、形式的保障が形骸化し実質的に棚上げされていったこととの関連で重要な意味をもっているように思われるのである。しかも、より悪いことは、旧派の立場から形式主義が批判されて価値的観点が打ち出されてくると、それは国家道義や日本法理に結合し、無制限な拡大を防止すべき歯止めを失って行くということであった。旧派は、自由主義と結合することによって形式的保障を打ち出したのであるが、自由主義的基礎を失えば、形式のもつ保障的意義も失われざるをえない。戦後は、自由主義の復活によって罪刑法定主義の再認識が問題とされたが、それは必ずしも徹底した形では進行しなかった。戦前の国家主義への批判の不徹底は、その罪刑法定主義への批判の不徹底に対応しているといえよう。わが国では戦前から一貫して罪刑法定主義は守られていたとするような総括は、旧派の形式的アプローチの功ではなくて罪の側面に属するものといわなければならない。類推解釈の問題への対応も不徹底であって、一方では、類推の禁止を形式的にかかげながら、他方では、形式的文理解釈をこえる実質的観点が予定されざるをえない。問題はその合理的解釈の基準にあるが、類推かどうか争われたケースのほとんどを類推でなく拡張解釈として許容するという対応の中に、必ずしもそれが批判的な厳格解釈の態度をとるものでないことがあらわれているように思われる。

しかし、これに対して、同じく旧派の立場に立ちながらも、罪刑法定主義をより制約的な原則として位置づけようとする方向が見られる。これは、すでに戦前の時期において、類推解釈の問題こそが罪刑法定主義の原則の現実的意味を左右する試金石であるとし、その禁止を要求する批判的な動きとしてあらわれていたものである。そして瀧川博士が、ようやく昭和一〇年頃から類推禁止の態度を明確にされたことは上述の通りである。その限界を引くことの困難が自認されてはいるが、具体的なケースのいくつかについて許されない類推にあたると批判されたのが注目されるのである。佐伯博士の場合には、目的論的解釈の下での限界設定の困難性がより自覚的な形で問われており、類推解釈の禁止という宣言だけで問題が片づくわけではないとされていたが、戦後はとくに、「法典の語句の言葉としての可能な意味の限界」をこえることは許されないという形で制約するという姿勢を明確にされたのが注目される。そしてこの基準から、いくつかの許されない類推のケースが指摘されているのである。

したがって、結論的にいえば、ここでも自由主義の原理をどの程度重視するか、そして現代の状況の中で国家刑罰権の適用を制約することの必要性とその理由を基本的にどのように把握するかという点への態度決定がその基礎に横たわっていることを知ることができる。しかし、なおその際、文言の形式にいかなる意味と比重を与えるべきかという点が方法論的な問題として争われることになるであろう。

六　結　語

以上が、基本的な問題についての一応の整理であるが、もちろんそれはきわめて不十分なものであり、またのこされた問題が多いこともみとめなければならない。その中から適当に結論が得られるといった簡単な問題では決してないことも事実である。しかし、平野博士もいわれるように、これまでは新旧両派の学派争いがかなり形式的に解釈されすぎたきらいがあり、その問題別の真の対抗関係が必ずしも明らかでないという問題状況におかれていたように思われる。新しい、より複雑な問題が生起してきて応接のいとまのない現代的状況の中で、しかしこれらの問題の処理について、その方向を見きわめ大道をあやまらないためには、これまでの基本思想の形成および発展過程をより正確にフォローし、そこから積極的な遺産をできるだけ多く学びとることが必要なように思われる。

ここでは、わたくし自身の立場をあらためてのべる余裕はないが、それは上述の諸家の見解への評価および本章での総括の中におのずからあらわれているはずである。もっとも、立場の闡明はそれだけで意味があるのではない。それは、各問題への実証を通じてはじめてあらわれてくるのであり、方法論レヴェルでの図式的な分類は問題の実質的な解明にとってかえって妨害的であるとさえいえるように思われる。自分の体系と内容を示さずに相手を批判することの非礼をさけるためにも、わたくしはなお、これを疑問の提起にとどめる慎重さを失いたくないと思う。それにしても、わが国のすぐれた諸大家の業績を対象とした検討が不正確や誤解に流れることによって非礼をおかしてはいないかをひそかにおそれ、御海容を乞う気持で筆をおく次第である。

補論

補論

「補論に代えて」

「増補版はしがき」にも触れたように、本書の時期的な古さと時代状況の変化を考慮して、最新の文献によって補足することにするが、両者のつながりと示す指標のようなものをいくつかを、旧著の「若干の総括」（二九一頁以下）の中から抽出して指摘しておきたい。

第一は、時代的状況の変化と背景に関連して、最近の状況変化を問題にする際に、どうしても忘れてはならないのは、戦前から戦後への転換期と転換の意義という点である。この「原点」をあいまいにしたり相対化することは許されないと思う。

第二は、基本思想の変遷に関して、戦前にも大正デモクラシーの時代があり、それが否定されて反動的な国家主義が支配するようになったこと、また戦後にも一九六〇年代から七〇年代（昭和四〇年代）に一時期リベラルな時代があり、刑法学者の間にも「対案グループ」が生まれ、最高裁判所にも一連の合憲限定解釈が登場したが、その後は、それらを継承する動きが見られないという点に問題がある。

第三は、刑罰論の分野で、目的刑論を前提とした消極的責任主義の方向は是認し得るとしても、それが積極的処分主義に流れることになれば、応報刑論からの二元主義とともに、「保安処分」をも肯定するという方向に流れやすくなるという点を警戒しなければならない。医療や保護よりも保安の利益が優越するおそれが依然として大きいのである。

第四は、犯罪論における形式論から実質論への傾斜であるが、広い形式を実質的な解釈によって限定するという方向よりも、現在の実務を正当化するために、狭い形式を実質的な解釈によって拡大する方向が促進されるおそれが大きいことを警戒しなければならない。そこに「罪刑法定主義」の危機があるというべきである。

以上の点を念頭において、以下の最近の拙稿を参照して頂きたい。

補論　刑事法・刑事法学の課題——二一世紀を展望して

一　まえがき

今回の企画の[1]「総論」を割り当てられたようであるが、もとよりその役割にふさわしくないことを承知の上で、この機会に、過去を振り返り、現在の状況を見定め、将来を展望するという趣旨に即する形で、私自身のこれまでの狭い経験を通して、若干の感想めいたことを自由に書き綴ることによって、責めをふさぎたいと思う。

二〇世紀から二一世紀への世紀の転換は、いわゆるミレニアム問題など、一部に不安を囁かれながら、しかし特別の劇的な変化もないままに、何ごともないかのように、静かに移行した。

二一世紀の未来に夢をかける論調もあったようであるが、人々はむしろ冷静にこれを受け止め、特別の期待をかけることもないままに、世紀の転換を見守るにとどまったように思われる。私自身は、ちょうど年末から年始にかけて、カンボジアの法学教育支援のためのボランティア活動に参加中のことで、プノンペンのホテルで、カンボジア同行団の人達とともに、二回にわたって（二時間の時差があるので、現地時間と日本時間の午前〇時）乾杯をした経験がある。

たしかに、前年の終わり近くには、経済的な不況と社会の不安から明るいニュースよりも暗いニュースが多く、それらは「世紀末の現象」とも呼ばれたが、それが二一世紀への転換によって特別に変わったという徴候はなく、世紀末の状況は依然として継続したままの状態が続いている。その間、マスコミ人気に押し上げられて成立した小泉内閣に対する異常に高い支持率から、国民の期待の実現を予測する向きもあるが、その感情的な反応の方が異常であって、そのためにかえって、国政全体の右傾化の本質が隠蔽されるという深刻な問題が起きている。

最も最近の問題として、大阪池田小学校の児童の集団殺傷事件（二〇〇一年六月八日）を契機として、将来の被害予防のための学校や地域の対策が問題になったことは当然としても、この事件の冷静な分析や検討を経ることなく、さっそく小泉首相は、「精神障害者と犯罪」について発言し、容疑者の精神状態に問題があった場合における刑法などの見直しを検討するよう自民党の山崎幹事長に指示し、これを受けて自民党は六月一一日、対策本部を発足させることになると報じられた（二〇〇一年六月一〇日朝日）。片山総務相は、演説中に「そういうのを野放しにしていいのか」と発言したという。テレビでも、日本にはそのような危険な精神障害者を収容する手続と施設がないのが欠陥であるといった特定の「識者」の談話まで繰り返し放映された（テレビ朝日）。

この問題については、後にも触れるが、かつての「保安処分」論争の再来を思わせるものであって、それはすでに最近の二、三年前から準備され、二〇〇一年一月から、法務省と厚生労働省との間で開始されるようになった「重大な犯罪行為を犯した精神障害者の処遇決定及び処遇システムのあり方などについて」の合同検討会での論議にも重大な影響を及ぼすことが憂慮される状況にある。(2)

この一例から見ても、前世紀から残された課題は、決して終わってはおらず、放置すれば悪化する気配さえ感じられるのである。

さて、以下本文では、世紀にまたがる刑事法上の問題について、とくに、歴史的観点とイデオロギー的観点という二つの視点から、基本的と思われる若干の点を指摘しておきたいと思う。

そして、最後に、私が歩んできた道と体験を踏まえて、もちろん多くの反省を含みながら、今後の課題についていくつかの問題を提起し、提言を試みたいと思う。

(1) これは「〈特集〉刑事法および刑事法学の過去・現在・未来」として、雑誌「犯罪と刑罰」第一五号、二〇〇二年、に掲載された企画に寄稿したものである。

(2) この問題は、その後急速に進展して、二〇〇三年七月に、「心神喪失者等医療観察法」として成立するにいたった。

二 歴史的な観点

刑事法とその理論を問題にする場合に、これを歴史的な視角から検討すべきものであるという点については、おそらく異論がないといってよいであろう。しかし、実際には、このもっとも重要と思われる点が、しばしば、意識的・無意識的に忘れられ、無視ないし軽視される傾向があることを指摘しておかなければならない。とくに、ベルリンの壁の崩壊と旧ソ連の解体後は、イデオロギーの対立はもはや終焉したとして、ポスト・モダンな現実主義的志向が支配的となる中で、ナチスや日本の軍国主義の爪痕も遠い過去の歴史の中に葬り去られようとしている。

ここでは、刑事立法、警察・検察と裁判、刑事法学の各分野における大きな歴史的流れの中から、特徴的な点をいくつかあげて、あらためてその意味を再確認しておきたい。

1　刑事立法

①　刑　法

まず実体刑法の分野では、二〇世紀初頭に成立した現行刑法典（一九〇七年）が、第一次大戦を経て第二次大戦までの「戦前」を支配していたが、旧刑法（一八八五年）に導入された近代的な客観主義的で自由主義的な思想や原則がむしろ相対的に後退し、主観主義的で国家主義的な方向が強まる中で、大正デモクラシー期の米騒動や労働・小作争議を抑圧するために、悪名高い「治安維持法」などの一連の治安立法が相次いで制定され、刑法を補強する役割を果たしたことが知られている。

その過程で、刑法典自体の全面改正が日程に上り、現に「改正刑法仮案」（一九四〇年）が公表されたが、その基本思想は本邦の淳風美俗の維持と近代刑事政策の充実にあるとされた。とくに前者は、皇室、国体および家族制度を「危険思想」から道義的に擁護しようとする国粋主義的な傾向を鮮明にするものであったが、後者も、執行猶予や仮釈放の拡充など、若干のリベラルな要素を含みつつも、「保安処分」を新設し、常習犯の刑を加重し、不定期刑を採用するなど、社会防衛と保安優位の性格を内在させていた。

第二次大戦の敗戦は、大きな犠牲を伴うものであったが、日本国憲法の制定によって、刑法の民主化と自由化の方向への最大の転機となった。戦後当初の刑法一部改正（一九四七年）は、応急的な立法措置であったとはいえ、不敬罪を含む「皇室に対する罪」および「安寧秩序に対する罪」の全面削除、いわゆるスパイ罪、姦通罪の削除など、憲法の定める平和主義と民主主義、法の下の平等などの基本的人権の思想に対応した刑法改正として、その歴史的な意義を、あらためて確認しておくことが必要である。

しかし、敗戦後の憲法との整合性を改正理念とした刑法改正作業は、それ以上には進まないまま、占領政策の転換とともに、すでに一九五〇年頃から、むしろ新たな治安立法を再編する動きが顕在化し、「破壊活動防止法」（一九五二年）が強行制定されたのが象徴的である。そして、その後の刑法改正は、暴力犯罪、交通犯罪、ハイジャック、薬物犯罪、精神障害者犯罪、コンピュータ犯罪など、その時々の新しい犯罪状況に対する「犯罪化対策」を追認する形と方向で続いている。

そして、刑法典自体にも、すでに一九五〇年代の半ばから新たな全面改正の動きが現われ、現に「改正刑法準備草案」（一九六一年）のあと、法制審議会の審議の結果が、「改正刑法草案」

（一九七四年）という形で公表された。しかし、当時は、わが国でも一九六〇年代から七〇年代にかけて「リベラリズム」の風潮が強くなり、これを代表する「対案グループ」は、これらの草案が、国家主義、倫理主義、治安主義的な姿勢において戦前の「仮案の現代版」であるとする原則的な批判を展開したのである。その結果、保安処分を含む草案の改正作業は棚上げとなり、代わりに刑法の文言を平易化する「現代用語化」の改正案（一九九五年）が、現行刑法として定着するにとどまっている。(1)

② 刑事手続法

一方、刑事訴訟法の分野では、刑法の場合と違って、敗戦後の一九四八年に、アメリカ法の影響を受けた「刑事訴訟法」が、全く新しい形で成立した。これは、戦前の大陸型の職権主義・実体的真実主義の理念から、英米型の当事者主義・適正手続の理念への原則的な転換を含む大改正であった。それが、戦後の「日本国憲法」の定める刑事手続条項を具体化したものであることは疑いのない事実である。

しかし、その定着は容易ではなく、すでに一九五三年には、被疑者・被告人の権利を制限するという逆行的な法改正がなされた後、その後は、時々の個別的で小規模な部分改正を除けば、戦後の刑訴法の理念に沿ったそれ以上の改正の促進をむしろ押し止め、その不十分さを固定化する方向で、立法よりもむしろ判例、とくに「最高裁判例」が全体として「保守的な防壁」の役割を果たすという事態が進行してきたように思われる。

ここでは、とくに戦後の刑訴法改革の中で、なぜ「陪審制度」が司法民主化の中核として導入されず、かつての制度の「復活」を阻まれたのか、それと関連して、なぜ無罪判決に対する検事控訴が廃止されなかったのか、という点を指摘しておきたい。それらは、調書裁判や代用監獄とともに、憲法的な刑訴法大改正のかげに生き残り、大きな桎梏となって現在まで尾を引いている。(2)

2　刑事司法

ここでは、警察・検察による犯罪の捜査と、裁判所による審理と判決が問題であるが、ここでも、全体的な視点からの歴史的なアプローチの重要性を自覚し、確認することが必要である。

①　警察は、犯罪の予防、鎮圧、そして捜査を通じて「公共の安全と秩序」を維持する責務があると定められているが、この「治安」という概念自体に二つの意味があることを改めて確認しておく必要がある。第一は、市民の生命、身体、財産等を安全に保護するという意味であるが、その他に、特定の政治秩序の維持に奉仕するという特別な意味が加わる。前者が「市民

警察」、後者が「警備公安警察」と呼ばれるが、むしろ後者に重点がおくという体質は、戦前から戦後にかけて、そしてソ連崩壊という状況の変化後も、基本的には変わっていないといえよう。戦後の改革は、警察の民主化を目指した「自治体警察」を一時期生み出したが、すぐに「国家地方警察」への再編にとって代わられ、中央集権的な官僚制警察制度は不動のものとなった。内部の不祥事が表面化しても、自浄作用が期待されないのは、その官僚的・集権的な体質に由来するといってよいであろう。

警察による犯罪捜査は、戦後の刑事訴訟法の人権保護規定によって、かなりの制限を受けることになったが、結論的には、戦前からの伝統的な自白獲得のための徹底した取り調べと調書の作成（取り調べ官の作文）という手法は依然として固執され踏襲されている。

② 検察の分野にも、戦後の民主化と自由化の影響はほとんど表面化せず、新憲法下においても「検察」だけが唯一の中央集権的な組織として残ったといわれている。「検察官一体の原則」の下で、政治的中立性が標榜されるものの、検察が法務大臣の指揮監督権の下にある国の行政機関であることには変わりがない。政府・与党の不正に肉薄し、政・官・財界の腐敗にメスを入れるという勇敢な側面も見られるが、常に複雑で微妙な陰影がつきまとい、その政治的な限界も指摘されてきた。しかし、一方、いわゆる「公安事件」に対する公安検察の活動にお

いては、公安警察を指揮監督する強力な体制と姿勢が一貫しており、戦前の思想検事や特高警察は廃止されたものの、「治安維持」機関としての役割は意識的に継承され、その頑な高姿勢(有罪への執念)の故に少なくない「冤罪事件」を生み出したことも事実である。(3)

③　裁判所や裁判官に関しても、その制度や機構とともに、それを支える思想や背景を歴史的に俯瞰しておくことが必要である。戦前の司法が、戦争責任を問われることなく戦後社会に生き残り、キャリアシステムを維持しつつ、最高裁判所事務総局を中心とした独特の閉鎖的な体制を形成するに至ったことは周知の事実であり、開明的な方向への司法改革の動きにも消極的で保守的な姿勢が定着している。憲法の番人としての裁判所の役割や、基本的人権の保障の砦としての国民の信頼は、時代の変遷に流されて形骸化し、色褪せた存在になろうとしている。

しかし、ここでは、戦後一〇年を経過した一九五四、五年頃に展開されていた日本の裁判官論の歴史的な意義を改めて想起しておきたい。一つは、「裁判官の当面する諸問題」と題する座談会である(河田廣、鈴木忠五、五鬼上堅磐、新村義廣、桝田光、真野毅、法時二六巻二号、一九五四年)。そこでは、広い法曹のプールから裁判官を採用する方法(法曹一元論)が憲法の予定した裁判官であり(新村、鈴木)、憲法の紙の上に書いた違憲審査権というものだけでは司法権の権威が実際に上がったとはいえない(真野)、裁判所は国民の裁判所であり国民の人権を守る裁判所だという心持ちを国民に伝えるためには、裁判官の自由な精神と熱意・気風が必要である（新村）、新聞等による裁判批判にも問題があるが、逆に新聞が判決の前に犯人を仕立てあげてしまう傾向の方がもっと重要視されるべきだ（新村）、などの点の指摘が重要である。

今一つは、「日本の裁判官」と題する座談会である（秋吉一男、安倍恕、兼子一、岸盛一、内藤頼博、新村義廣、三好達、横川敏雄、ジュリ一九五五年一一月一五日号）。そこでは、戦前は裁判官も天皇に忠誠な官吏として結局国家秩序の擁護に任ずるものであった（横川）、戦後に裁判官は深刻な反省を迫られたが、責任ある態度をもって、従来の裁判官に退陣を求める動きは、ついに出なかった（新村）、新憲法の下では裁判官の任務は従前とは比較にならぬほど重大になり、国民の基本的人権を守ることがその主たる任務となった（新村）、国会では多数の意思が支配するが、裁判所では少数者の人権を擁護することが、司法の基本的な使命である（内藤）、違憲立法審査権については最高裁判所はやや保守的に過ぎるような感じがする（兼子）、裁判所の使命は、あらぬ犯罪の嫌疑をかけられた国民の濡れ衣をかわしてやること、公の権力から国民の基本的人権を守ることにあり、そのためには常に裁判官が鋭い人権感覚をもち、人権擁護の熱意に燃えていることが大切である（新村）、新刑訴法はもともと被告側の立場を高めようとしたものであるから、手続を忠実に守って審理を進めるならば、たくまずしておのずから法廷にヒューマニスティックな空気がただようはずである（岸）、新刑訴下における捜査手続は依然として旧刑訴の仕組を踏襲しているといってよく、逮捕状の制度もアメリカの制度の換骨奪胎なので、アメリカでは逮捕は捜査の終わりだが日本では捜査の開始を意味し、憲法の期待する司法的抑制ということにはまだ程遠く、捜査手続の改正が問題である（岸）、国家権力を代表する検察官の活動に協力するのが裁判官の使命ではないかというような意識をもつと、裁判官としての批判的立場が曇らされるおそれがあり、とくに令状の発布には裁判官の人権感覚が問われている（横川）、などの点が指摘されていたのが注目されるところである。

上述したような指摘は、戦後の司法を直接に担った人々がその「原点」を提示した歴史的証拠であり、現在でも新鮮な輝きと魅力を保っている。しかし、なぜそれが色褪せることになったのかという経過とともに、あらためて戦後改革自体の不徹底さとその理由の再検討を強く示唆するものがある。それは、たとえば「法曹一元」の主張がなされていながら、「陪審制」の復活は話題にものぼっていなかった点にも現れている。(4)

3　理論と学説

①　刑法の学説

戦前から戦後への刑法理論ないし学説の変化と、その後、今日までの潮流について、ここでは、いくつかの特徴的な点を指摘するにとどめる。

第一は、戦後刑法学の出発点における歴史的認識についてである。この点については、新派（牧野、木村）が「新憲法と教育刑」を標榜したのに対して、旧派（植松、団藤）は倫理的な応報刑論で対抗するというにとどまり、いずれも戦前の日本法理や国家主義的な志向に対する自己批判を欠いていたという点に決定的な限界があったという事実に注目しておく必要がある。

第二は、目的的行為論の影響と意義についてである。学界の関心は伝統的な「犯罪論」に移ったが、当時の西ドイツの新しい動きから、「目的的行為論」への関心が集まり（平場、平野、井上正）、その影響が上下の世代にも波及し（木村、福田）、急速に学界全体に広がった。それが、新旧両派の学派争いを止揚するという見通しは消えたものの、目的的行為論は、違法性論、故意・過失論、錯誤論、共犯論などの広い分野に大きな影響を及ぼしたことは否定できない。その個々の帰結を別とすれば、その「人的違法観」と「行為無価値論」の主張は、今日でもなお通説的な地位を保っている。しかし、その基礎となった具体的秩序思想や事物の本質的直観などの社会思想史的な側面についての批判的な検討は十分になされないままに終わっている。

第三は、刑法改正問題に対する学界の対応である。ここでは、「準備草案」（一九六一年）から「改正刑法草案」（一九七四年）に至る草案の作成と審議過程で、草案の国家主義、倫理主義、保安主義的な傾向を批判して、憲法による価値転換、法と倫理の区別、刑法の謙抑主義という基本理念を対置した批判的な「対案グループ」が形成されたことの歴史的な意義が大きかった。それは、草案（小野）と対案（平野）のイデオロギーの対立として展開されたものであるが、刑法のドグマティカルな体系的思考から機能主義的で合理的な政策論的思考への転換を示唆しただけでなく、解釈論の分野でも「物的違法観」と「結果無価値論」の再評価を促すという新しい局面を生み出したのである。

しかし、司法におけるリベラリズムの退潮（全逓中郵事件などの最高裁判例の転換）とともに、学界内の対案グループにも分解現象が生じ、新しい犯罪現象に対応するための「犯罪化」と「刑罰化」にとって有効な犯罪対策の現実を追認し、正当化するという方向が次第に顕在化するようになった。立法批判への関心は低く、理論的・思想的な対立や論争は回避され、相対化されるという現象が定着しているように思われる。(5)

② 刑訴法の学説

ここでも、戦前から戦後への学説の変化と、その後の潮流について、いくつかの特色をあげておくことにする。

第一は、戦前の状況であるが、この中では、すでに明治刑訴法の下で在野法曹を中心とする人権保障の要求が、大正三年には「犯罪捜査に関する法律案」にまで具体化し、その内容は、捜査官の取調への弁護士の立会い、起訴後の被告人の取調の禁止、捜査書類の証拠能力の剥奪など、当時としては驚くほど進んだ内容のものであったこと、しかし学説は、一般に捜査機関の権限の拡大を暗黙に支持し、起訴便宜主義も検察官の権限の伸長に沿ったものであり、予審廃止論も糾問的色彩を帯びたもので、いずれも検察権の強化＝捜査権能の充実という方向で、日本刑事訴訟法史の脈流に乗ったものであったことなどの点の指摘に注目しなければならない。(6)

第二は、戦後の状況であるが、ここでは、日本国憲法に基づいて、大陸法的刑訴法から英米法、とくにアメリカ法的刑訴法への革命的な転回があり、法典も全面改正されたにもかかわらず、学説の対応は必ずしも自覚的なものとはいえず、「非連続の連続」（小野）という形で、糾問的な職権主義的訴訟観が温存された。当事者主義的刑訴法学が公然と主張されるようになったのは、昭和三三年の平野「刑事訴訟法」以降のことであり、当事者主義は公判だけでなく捜査にも貫徹されなければならないとされた（弾劾的捜査観）。

しかし、法務治安当局は、刑事司法の能率的運用（容疑者の身柄確保、徹底した供述追及、自白獲得後の起訴、捜査に理解を示す裁判所の有罪認定）の効果に自信を深め、現状改善の方策に耳を傾けようとしない態度が続いている。

その後の刑訴法学は、一方では、日本型の実務（精密司法）を前提としつつ漸進的な改善を目指す現実派と、より積極的に、再審、誤判、調書裁判、代用監獄などの問題から、官僚裁判制批判などの問題を軸とする根本的な改革を目指す改革派へと分かれようとしているといわれる（横山晃一郎「刑事訴訟法学の潮流」法学教室一〇〇号四二頁、一九八九年）。現在進行中の「司法改革」がこのような状態にどのようなインパクトを与えることになるのかという点が注目されるところである。(7)

（1）　戦後当初の改正を除いては、憲法の観点から刑法を改正するという方向の提案はほとんどなさたことがなく、尊属殺人罪の削除（一九九五年）も、憲法レベルの問題としてではなく、法定刑の異常な重さという政策的な観点からなされたにすぎない。ヨーロッパ諸国ではすでに支配的となった「死刑の廃止」も、いまだ実現していない。

（2）　ようやく、最近の「司法改革」の中で、司法裁判員の制度が提案されているが、「陪審制」の導入に対する抵抗は、長く培われてきた「官僚裁判」の制度と意識に起因するものといえよう。また、憲法学者であった田畑忍博士が、かつてから無罪判決の控訴を禁止すべきであると繰り返し強調されていたことも想起すべきであろう。

（3）　戦後の一九五三年段階で行われた座談会「占領政策は行き過ぎだったか」（我妻栄、宮沢俊義、鈴木竹雄、田中二郎、兼子一、石井照久、団藤重光）ジュリ一九五三年三月一五日号、一八頁以下）、は当時の警察制度の改革と刑訴法の改正などの問題を論じたものであるが、そこでは、新憲法が日本の民主化を促進した（宮沢）、自治体警察も教育も中央に引き上げ集権化しようとするのは、元の警察官僚国家的なものに逆転して行くおそれが多分にある（田中）、検察官の司法警察官に対する指揮権は昔の司法官僚への逆コースの現れではないか（兼子）、勾留期間の延長はとくに集団犯において人権の基本原則から危険ではないか（兼子、団藤）、といった問題提起がなされていたことを、あらためて想起すべきである。

（4） 以上のほかにも、横川敏雄・裁判官論（ジュリ一九五五年一〇月一日号）が、同様な問題を論じていた（当時、最高裁刑事局第二課長）。そこでも、新憲法下の裁判官はいかにあるべきかという問題意識から、人権に対する鋭い感覚と身をもって人権を守る熱意が要請されると明言した上で、とくに捜査段階における逮捕状あるいは勾留状の発布については、国民の裁判官に対する期待が大きいとし、さらにより広く、裁判官は時の政府から独立であり、国家の権力機構およびその活動をも厳正に批判する特殊な立場から、行政作用に対する司法的抑制の機能が重要であることを格調高く指摘されていた点が注目をひく。さらに、司法行政についても、法学教育の再検討、裁判官の任用制（特に法曹一元）の問題とともに、現在の裁判所の官僚的機構についても批判の余地があり、清新の風を吹き込む必要があるという指摘は、現在でもなお新鮮な響きがする。

（5） 今や学説は、全体として、国の刑事政策や立法、それに裁判所の判例に、インパクトを与える力を持たず、むしろそれに追随しているように思われてならない。組織犯罪立法や少年法の改正についても、学界内にある批判的な論調は無視され、賛成の一部学者委員が立法に参画して法律が成立した後から、その「解説」に多くの学者が参加するというパターンが定着してしまっているのは、まことに嘆かわしい現実であるといえよう。なお、法制審議会や司法試験の学者委員については、少くとも所属学会の推薦を経るという制度に変える必要があることを指摘しておきたい。

（6） 田宮・学説一〇〇年史、ジュリ四〇〇号一六六頁以下、参照。そこでは、すでに当時から、法と現実の乖離が、被告人の人権を危殆化する形で、訴追側の真実追求（犯人必罰）に好都合な方向で行われるという、何度もくりかえされた日本的現実があり、学説上も被告人の供述義務、真実義務を認めようとする見解がむしろ有力であったことが指摘されている。

（7） なお、最近では、とくに「被害者保護」の問題が、刑法とともに、刑訴法の分野にも次第に大きなインパクトを与えるようになってきていることを指摘しておかなければならない。それは、すでに立法の分野にまで影響している。なお、今一つの新しい視点として、「国際人権法」の側からのインパクトにも注目しなければならない。それは一種の「外圧」であるが、そこでは、国内的にはなお弱いＮＧＯが活躍できる分野が急速に広がっているのが注目されるのである。この点は、後にも触れる。

三　イデオロギー性の観点

刑法の「イデオロギー性」という言葉とその意味、およびその問題性については、かつて若干論じたことがあるので、ここでは繰り返さない（中山「刑法とイデオロギー」現代刑法講座一巻二一頁以下、一九七七年）。それは、広義では、刑法の思想性と価値観にかかわる問題領域を含むが、刑法のイデオロギー性の問題の核心は、むしろ、利害対立した問題に対する一見中立・公正と思われる法的解決（イデオロギーとは無関係な外観）の中に、実は一定の支配的な価値観、さらにいえば一定の国家目的が貫徹しているのではないかという分析の視角にあるといってよい。

このような視点には、現状の批判的分析が常に意識されており、安易な現状の正当化を拒否するという冷静で慎重な姿勢が見られる。しかし、これに対しては、しばしばイデオロギー的な批判だけからは何も積極的なものは生まれないという非難がなされてきた。そして、旧ソ連の崩壊という現実は、少なくとも体制批判という範囲内では、イデオロギーの終焉をもたらしたと喧伝されたのである。

この論争に深入りするつもりはないが、ここで重要なのは、いわゆるイデオロギー的批判が何のために行われ、いかなる価値の実現を目指して行われたかという点に注目することである。それは、実は、人間の尊厳、差別の廃止、弱者の保護、真の公平性の確保、平和と人権といった、まさに近代憲法の原理を実質的に貫徹し得る社会の実現を目指すものであったはずであり、それはまさにヒューマニズムの観点ではなかったかというのが、私の到達した結論である。(1)

たしかに、著しい技術革新は、人々に多くの便益をもたらしたが、しかしそれが現実に上述した基本的な社会的矛盾や課題を解決するものであったとは思われない。必要以上の便益の陰で、矛盾がかえって深刻化し、環境破壊も弱者にしわ寄せされているのが現状である。新しい犯罪現象に対する刑法の対応も、処罰の原則を逸脱するおそれを含みながら、必ずしもその効果を確保し得ないというジレンマに立たされている。

刑法や刑法学も、国民のためといいながら、国家や社会の保全の観点からの支配の効率性を追求するという方向に傾き勝ちである。しかも最近では、この現状を批判的に分析するのではなく、むしろ日本の刑事裁判の現状を積極的に正当化することによって、上述した歴史的分析の視角を相対化するアプローチが台頭しつつあることに注目しなければならない。ここでは、その一例として、新しい刑法理論の方向性を示すという大胆なテーマを掲げた最近の前田雅英教授の「ポストモダンの刑法理論」(海保大研究報告四一巻一号、一九九五年)をとりあげて、その内容を批判的に検討してみることにする。そこには、イデオロギー性の観点にふさわしい問題が含まれていると思われるからである。

以下に、その主張を要約し、これに必要なコメントを加えることにする。

1　ポストモダンの刑法理論

ここでは、まず「ポストモダン」という表現が、厳密な意味で用いられているのではなく、それは、これまでの、西欧近代社会が築き上げてきた「合理的で論理的な犯罪理論の限界の認識と修正」を意味するものとされている。そして、このような議論が出てくる背景として、社会状況が非常に大きく変わろうとし、政治状況もこれに大きくは相関しているという点が指摘される。それは、近代的な合理主義の行き詰まりがデカルト以来の近代合理主義的思考に対する懐疑の念を呼び、法律学では「正しい理論」の追求という固定的なアプローチが崩れつつあるという現象に現れている。さらに、具体的には、「立法が法律で司法や行政を絞る」という近代西欧法の発想に疑問が生じ、ドイツやフランスでも、実は裁判官が法規範を定立しているという事実を認めざるを得ないといわれるのである。

たしかに、現代の社会状況や政治状況には大きな変化が生じていることは事実であり、近代合理主義といわれるものも、普遍的なものではなく、歴史的産物であったことも認められよう。しかし、ここから具体的な帰結として、三権分立の発想に疑問が生じているとし、法律を創っているのは、立法機関だけではなく、裁判官なのだという結論を無条件に引き出すことは、大胆である以上に危険であるといわなければならない。この点は、後に「罪刑法定主義の新しい意味」というところで、より具体的に検証されることになるであろう(2)。

2　すべてを理論化できるのか

ここでは、近代合理主義を体現した旧派の刑法学が、一九世紀の後半から新派による激しい批判にさらされるが、それは現実の社会に裏打ちされた批判であったとし、日本における旧派と新派の対立の止揚は、犯罪論における旧派と行刑における新派の「住み分け」であったが、いずれも近代合理主義の限界をもっていたとされる。観念的な応報刑では説明できず、近代的な科学主義も壁にぶつかっている。そこで、犯罪論は、新派的な科学主義を消化した理論でなければならず、科学主義を越えた「効果」を分析する「規範的評価」によって、日本人の意識を踏まえたものを構築する必要がある。国民の規範意識を解釈の基準にすることが民主主義に相応しく、実務家は、国民の規範意識をいかに汲み上げて、いかにうまく犯罪を防止できるかという視点を強く持たなければいけないとされるのである。

たしかに、旧派と新派の止揚によって問題が解決するという楽観論は、もはや存在の余地を失っている。しかし、これに代わるものとして、日本人の規範意識が援用されることの意味が民主主義にあるとしても、実務家が、国民の規範意識を汲み上げる方法と道筋が問題である。ここでは「陪審制」に全く言及がない。それでは、従来の社会通念や社会相当性による判断とどこが違うのか、検察官と裁判官、さらに下級審と上級審の判断が違うとすれば、それは何に由来するのかという点の分析こそが必要だと思われる。また、科学主義を日本人の規範意識に変えたことによって、刑罰論がどのように形成されるのかも不明である。(3)

3　オープンな体系としての犯罪論

従来の議論は、理論体系を重視しすぎた面があるとし、たとえば目的的行為論のような演繹的な発想では役に立たないことがはっきりしており、団藤刑法学のいう「実行行為」概念も形式的に一貫すると問題が出てくるとした上で、少なくとも戦後五〇年経って、日本の刑事司法、とくに刑事裁判の高い評価が確定した現在では、「裁判官の判断を安定させるための体系論」という考慮は、少し少なくなってよいとする。また、新しい犯罪現象は理論・体系を越えていくので、最近では薬物犯罪の解釈が緩やかになっているとし、社会が動けば犯罪理論も動くもので、どの時代にもあてはまるような犯罪理論を探そうとしても無理であるといわれる。

たしかに、体系のための体系論が不毛であることは、すでに他の論者によっても指摘ずみのところであるが、ここでは、著者が日本の刑事裁判の高い評価が確定していると明言されている点について、果たしてそうなのかという疑問を提起しておきたい。(4)

4　罪刑法定主義の新しい意味

著者は、日本の現実を踏まえていえば、従来の「立法が司法を縛る」という原則を見直す必要があり、日本の刑事司法が相対的にうまくいっているのは、裁判所が法解釈を一定程度弾力的に行い、具体的妥当性を図っているからであるとした上で、裁判所を頂点とした法律実務家が国民の声を吸い上げて具体的に妥当な結論を導いていくことが重要であるとする。問題は、実務家がいかに国民の規範意識・常識を体現しているかにあるというのである。

たしかに、日本の立法活動は活発でないといわれるが、しかし、最近では活発すぎるという側面もある（議員立法）。立法に対する信頼も危ういが、司法に対する信頼が高いという証明も存在していない。裁判官が国民の声を吸い上げるという場合にも、それは上からの一方的なものであって、NGOなどの活動による調査やチェックの活動が介在しているわけではない。「法律実務家全体」というまとめ方にも問題があり、警察、検察、裁判所という部門は、その間の相互関係や内部矛盾を含めて、情報公開がむしろ著しく遅れている分野ではなかろうか。(5)

5　チェック機関としての立法とマスコミ

ここでは、一部エリート官僚の独走をチェックするために、立法（議員）とマスコミが存在し、情報を公開して、国民の監視下で、実務家に運用させる、ガラス張りの中でやらせるのが大切であるとしつつ、実質的犯罪論は実務家を信頼するから成り立つものであり、ただし理論で現実を解決しようと思い上がることは妥当でないとされている。一方、ここには、「陪審制」はそんなに無理して導入すべきものでないとしたり、理論的に誤判の可能性が残る以上「死刑」は廃止すべきだという議論にも与し得ないという重要な指摘も含まれている。

しかし、裁判が国民の目から離れたものであってはならないとしつつ、なぜ「陪審制」の導入には消極的な対応が示されるのか、理論でなく「実際」に誤判の先例があるにもかかわらず、なお死刑は廃止すべきだとはいえないのはなぜかといった疑問を禁じえないものがある。(6)

6　構成要件解釈の実質化

著者は、罪刑法定主義についての従来の理解に触れた後、さらにこれに加えて、法律を実質的に解釈して妥当な結論を導く必要があるとする。形式的犯罪論は過去のものであり、一九八〇年代以降、犯罪論は「実質化」の方向にカーブを切っているとする。その例として、一方では、軽い違法行為の不処罰があげられるとともに、他方では、合理的な解釈によって処罰範囲を広げる必要がある場合もあるのではないかといわれる。そして、ドイツと違って、日本の裁判所が、電気窃盗を認め、クレジットカードやコピーの文書性について、処罰を拡張するような実質的な解釈によって、国民の規範意識に近い処罰範囲を実現しようとしてきたことは、妥当な方向だといわれるのである。

しかし、形式的犯罪論から実質的犯罪論への移行という図式は、決して問題の正確な把握に対応しているとは思われない。実質が形式を限定する場合と、拡張する場合とでは、その意味が決定的に異なるのであり、これらを同じ「実質化」として正当化することは事柄の本質を隠蔽してしまうことになるからである。たとえ、それが国民の当罰意識に合致していたとしても、構成要件の「形式」を逸脱することは許されないというべきである（刑法の謙抑性と断片性）。日本の裁判所は、違憲立法審査権を放棄しつつ、立法の間隙を解釈で埋めることによって、結果的に立法の非機動性を促進するという方向を辿っているが、著者はこれを日本型として積極的に評価しようというのである。(7)

7　共謀共同正犯と日本的解釈

著者によれば、一〇〇年間の実務の重みは正当に評価されるべきで、なかでも共謀共同正犯を判例が一貫して認めていることが、日本型実務の典型的な例だとされる。戦前から学説は反対してきたが、現在では団藤説さえ改説し、批判説は少数となっているが、これも形式的犯罪論の崩壊の一つの現れを意味する。学者は西欧型を展開しようとしたが、実務は伝統的な日本型を維持しているというのである。

たしかに、「共謀共同正犯」は実務に定着し、学説も多くはこれを認めていることは事実であるが、しかし、戦前の判例でも最初は謙抑的であり、共謀共同正犯を立法化しようとした草案は棚上げになっていることも忘れられてはならない。良心的な謙抑さや慎重さの配慮が忘れ去られ、手放しの肯定論が日本型実務の特徴として正当化されて行く姿は、学説の堕落を意味するようにさえ思われる。(8)

8　実質的違法性と実質的責任

違法性の判断に関しては、関西と関東との間に違いがあるとし、それは前者が違法を全法秩序に対するものと考えるのに対して、後者は刑法独自の観点から違法性を考える点にあるとする。そしてこの点は、不可罰な違法行為を、前者が違法とするのに対して、後者が違法阻却として正当化されるという解釈の相違が生じるとし、刑法で保護に値するかどうかが刑事違法論では決定的であるといわれるのである。

一方、責任の判断については、とくに責任能力論に関して、アメリカのヒンクリー事件を契機とした責任能力判断の動揺と変化に触れた後、日本では、とくに覚せい剤事犯に対する裁判所の責任能力判断がきびしくなっているのは、時代の変化を示しているとする。また、故意論では、薬物犯罪に関して、判例が麻薬と覚せい剤との間の錯誤を認めず、故意犯の成立を認めたのは、法律によって禁じられている薬物という限度で符合するという常識的な判断が基本にあるからだとするのである。

しかし、ここにも疑問がある。違法の統一論に関しては、別に関西・関東の差はないはずであり、刑法独自の違法という考え方が「実質的」だというのも理解し難い。一方、責任能力論はたしかに動いているが、保安処分論を含む制度や受け皿をめぐる問題と関連して慎重に論じなければならない。また、麻薬と覚せい剤との符合論も、決着したとはいえず、符合を認めない見解も存在するのである（中山、松宮）[9]。

9 共犯論の実質化

最後に、共犯論に関して、従属性説と行為共同説が支配的となったのは、独立性説では処罰するのが早や過ぎるのと、犯罪共同説では罪名従属を維持せざるをえないからだとし、旧派の従属性をとれば犯罪共同説になるといった議論はナンセンスであると指摘される。また、要素従属性については、極端従属性か制限従属性かといった形式的な議論ではなく、間接正犯が認められないときに共犯になるというときに、はじめて要素従属性の問題が出てくるのだといわれるのである。

しかし、これらの説明にも納得できないものがある。実行従属性についても「破防法」には教唆未遂の規定があるが、これも国民一般がそう考えたからということで正当化されるのであろうか。また、要素従属性についても、「間接正犯」（法律に規定がない）の範囲を国民の規範意識を名として裁判所が決めてよいというのであれば、要素従属性の論議はそもそも不要ということになるであろう。(10)

（1） この観点からすれば、旧ソ連の体制自体のイデオロギー性も当然に問われるべきであり、それが市民的自由と人権に無縁であった点にこそ、「社会主義」を専称するといわれる所以があったということができよう。徹底的にヒューマンなものを追求してやまないという執拗で持続的な精神こそが、人類解放の最終的な目標に奉仕するものというべきであろう。

（2） 本論文には直接には引用されていないが、前田教授の実質的刑法論の背景には、とくに平野刑法学と藤木刑法学からの影響をうかがうことができるように思われる。その点からは、平野刑法の機能的考察方法（その検討として、中山「刑法における機能的考察方法とその問題点」現代刑法学の課題、一〇六頁以下、一九七〇年）、および藤木刑法の社会生活重視の方法（その検討として、中山「藤木教授の刑法学」藤木英雄　人と学問、三〇頁以下、一九七九年）との比較的検証が必要である。

（3） ここで決定的に欠落していると思われるのは、刑事司法における憲法原則の意義についての指摘である。それは、当然の前提であっていうまでもないということなのか、それともポストモダンな社会では、憲法の定める人権規定も、その意義が相対的に低下することになるというのか、この最も中心的な問題が意識的・無意識的に回避されているところに、前田理論のイデオロギー性を見ることができよう。

（4） 周知のように、平野説は、体系論の不毛性を指摘しながらも、それが裁判官に適正で斉一な判断を保障するものであることを認めており、一方で、日本の刑事裁判の現状が「かなり絶望的」であると評価していたこととは皮肉な対照である。手続面を除外したとしても、一連の冤罪裁判を日本の刑事裁判における偶然の産物として無視することはできないであろう。

（5） 罪刑法定主義には、民主主義のほか、自由主義の要請も含まれるものと指摘されてきたが、ここでは、自由主義の側面は考慮の外に置かれている。「司法官僚制」を日本型のものとして擁護することができないのは自明である。むしろ逆に、下から国民の規範意識を真に体現し得るような民主的でリベラルな裁判所、検察、警察をいかに作り上げていくべきかという視点からのアプローチこそが必要ではあるまいか。

（6） 著者は、単なる現状肯定主義であっても困るとしつつ、しかし実際には、判例に代表される実務の積み上げを重視することが、国民の規範意識に則った刑事手続につながるといわれるのであるが、ここでは理論よりも事実が重いとして、理論家としてはきわめて「謙虚」なのが特徴的である。このような姿勢からは、現状の批判的分析を期待することは最初から無理であるというほかはないであろう。

（7） 著者は、最後は国民が決めるしかないとして、国民の規範意識をしばしば援用するのであるが、規範意識自体が変動し、むしろ対立している場合に、何をもって決め手とするのであろうか。これを裁判官が直観的に感じた規範意識と言い換えても、裁判官の規範意識のありかた自体に、さらに大きな問題がある。しかも、国民には裁判官を選ぶ権利はなく、チェック機能も働かず、結果的にこれを信頼するほかはないという状態が続いているのである。

（8） ここでは、共謀共同正犯が、手続と証明の簡略化と結合しており、それが無辜の処罰という「誤判」の原因になったという「日本型実務」の悪しき側面が、見事に捨象されているのも特徴的である。一〇〇年間の実務の重みといわれるものについても、とくに戦前の大審院判例との「連続性」を当然視する出発点において、すでに問題があるといえよう。日本国憲法による「非連続性」が捨象されているのである。

（9） 違法論の一元性・多元性について、刑法的違法性の独自性と違法の相対性を強調する前田説は、関東でも批判にさらされており（町野、林）、最近ではむしろ違法の統一性を認める学説の方が有力となっている。「実質的」違法論からの結論は一つではないのである。一方、責任論においても、実質的責任論が処罰範囲を拡大する危険をもつ場合があり、責任主義の謙抑的理解を欠くと、常識論から「保安処分」を安易に肯定する方向にいたるおそれがあることにも留意する必要がある。

（10） 判例が長らく罪名従属に固執していたという実務の重みを、著者はどう評価されるのであろうか。現在でも、超過した部分は単独犯と考える説（福田）の方が、日本型実務の伝統であるともいえそうである。また、間接正犯が最初から正犯であると決まっているのであれば、それを「間接」正犯と呼んで、その限界を論議してきたことの意味はないことになるであろう。

四　まとめと今後の課題

以上で、歴史性とイデオロギー性の観点から、若干の現状分析を行ったので、そのまとめをするとともに、二一世紀に向けた今後の課題にも触れておきたい。

第一は、本稿で取り上げた前田論文の評価についてである。

それは、近代的合理主義に挑戦し、論理的な形式的安定を打破して、「実質的」刑事法論を展開しようとする野心的な試みのように見える。それは「ポストモダンな新しい刑法論」として、魅力的でもある。しかし、その「実質論」の内容は、必ずしも明確でなく、その射程もいまだ明らかではない。上述したように疑問も多く、直ちに学界に大きなインパクトを与えるものとはいえないであろう。

しかし、それが「法律実務家への信頼」を明確にしたことは、警察、検察、裁判の現状への親近性と正当化という方向性を示したことを意味する。しかも、それを「日本型」刑事裁判として合理化する狙いも重要であり、そこに本論文の本質があるといってもよいであろう。それは、法律実務と刑法学説との接近という新しい現象として、見逃してはならない点である(1)。

ただし、前田論文が指摘した「国民の規範意識」という視点は、いわゆる積極的一般予防論に関する最近の論議とも関連して、今後の注目すべき問題として残るであろう。ただ、国民の規範意識という観点も、正当化の論拠としてではなく、むしろ批判のため論拠としても、援用され得るものであること、さらに自由な言論と憲法意識の育成、およびこれを行動に移すためのNGOの活性化という国際的基準をカバーするものでなければならないことを付言しておきたい。

第二は、新しい問題、新しい犯罪現象への対応についてである。

上述の前田論文でも、カード犯罪や覚せい罪などの薬物犯罪に関して、構成要件の解釈や責任能力の判断に緩やかな広い解釈が行われるという実務が紹介され、それが常識的に見ても妥当であると評価されていた。この論法で行くと、触法精神障害者に対する「保安処分」も、国民の規範意識から安易に肯定されてしまいそうである(当時はまだ、著者はこの問題については態度を明確にしていなかったが、最近の立法過程で、賛成の立場にふみ切っている)。

それは、新しい犯罪現象が当罰的と考えられる場合でも、これに対応する新しい立法によらずに、裁判所が既存の犯罪規定を拡張「解釈」することで処罰を確保するという方法であり、このような方法は、コピーの文書性を認めたり、インターネット上のわいせつな画像の表出を「わいせつ物陳列」に当たるとするなどの判例として、すでに定着した感じがある。しかし、これに対しては、なお批判的な学説も根強いのであって、その「限界」を明確にするための理論的な努力が追求され続けられなければならない。私自身も、最近、「鳥獣保護法」の「捕獲」の意義に関してこの種の考察を行ったことがある（判例評論五〇一号―五〇四号、判時一九二一号―一九三一号）。

しかし、最近では、他方で、立法による解決方法も進みつつあり、いわゆる盗聴法を含む組織犯罪対策法や少年法改正のほか、ドメスティック・バイオレンス法やカードの不正取引に関する法律など、逆に安易な立法化が「議員立法」の形で、十分な論議も経ないままに続々成立してしまうという傾向が見られることを警戒しなければならない。これらの立法問題についても、学説による的確で組織的な対応が欠如しており、触法精神障害者対策立法も、検討の暇もないままに成立してしまうという状況が見られる。

その意味では、刑法学説は決定的に立ち遅れているといわざるを得ない。(2)

第三は、「被害者学」とその観点についてである。

犯罪被害者の問題は、かなり前から検討の課題とされ、不十分ながら被害者補償制度も存在しているが、とくに最近では、刑事手続の内部にまで介入し、その性格の変更を迫るという大きなインパクトをもつようになったという時代状況の変化に注目しなければならない。刑事手続においても、被害者と加害者を当事者として位置づけ、検察官と弁護人を代理人とするというドラスティックな発想さえ語られるようになった。しかし、被害者と加害者との和解（修復的司法）は、被疑者の権利擁護に関する憲法的保障と矛盾するものであってはならず、その保障を前提としたものであることを再確認すべきである。わが国の現状では、被害者の関与が、被疑者の権利の制約をもたらすことになるおそれがなお大きく、その矛盾が問題の前向きの解決を妨げているといってよいであろう。(3)

最後に、わが国の刑事裁判や刑事法理論は、二一世紀への展望を語る前に、第二次大戦の戦争責任がいまだ解決されず、うやむやにされたままであるのと同様に、前世紀の後始末の不十分さを十分に自覚することから出発しなければならないことを付言しておきたい。

（1） 学説はこれまで、実務とは一定の距離を置きつつ、批判的観点を留保していたが、一部の有力な学者グループと警察、検察、裁判所との関係が密接化することは、この関係に変化を生じさせ、学説による実務批判を抑制する方向に働くことになったことは否定できない。立法や裁判に対する学界の影響力は著しく低くなり、逆に実務家の側からの理論への影響が増大しつつある。法科大学院への実務家の採用も、今後ますます促進されることが予想される。リベラルな学説が司法官僚制に風穴をあけるという可能性よりも、日本型実務の重さが学説の批判的な多様性を制約するという方向に傾く可能性の方が大きいように思われる。学説は、既存の官僚実務に寄り掛かる前に、自らの不勉強の怠慢を反省しなければならない。

刑訴法の学説も、日本型「精密司法」の現実にいかに対処すべきかが問われているといえよう。そして、この分野では、とくに「国際人権法」とこれを支えるＮＧＯの活動を利用する余地をますます大きくする方向での努力が必要があることを指摘しておきたい。

(2) 刑法学会は、かつての刑法改正論議に際して、とくに「対案グループ」の活動によって大きな影響力を発揮したことがある。しかし、その後は、刑法学会では議論はするが決議はしないという「伝統」の中で、会員有志による決議はあっても、政治的な意味を持つ問題への学会の見解は示されないままにおかれている。最長老の佐伯・団藤博士が、陪審制と死刑廃止を熱心に呼びかけている状況にもかかわらず、現役の有力教授陣があえて発言を控えるという奇妙な閉塞状況がなお続いているのである。

(3) 最近の触法精神障害者の問題についても、被害者の観点からすれば、同じく凶悪非道な殺人を犯しながら、精神障害を理由に責任能力がないとして、刑罰(死刑)を科されず、措置入院に付されるだけなのは、本来的に不当であって、刑法三九条(心神喪失者の不処罰)は廃止すべきであるという極論まで主張されるようになった(日垣隆「異常と正常とのあいだ」文芸春秋二〇〇一年八月号)。責任主義の原則は、もはや時代遅れだとされてしまうのである。しかし問題は、責任主義の原則を前提として、「責任」ではなく「危険性」を根拠に触法精神障害者を「保安隔離」することができるのかという点にあり、それは

「治療」を理由とする「強制入院」しかありえないことを、説得的に説明するほかはないことになるが、それで問題が解決するのかという深刻な問題が残っている。「強制隔離」も犯罪予防としては限界があり、「被害者補償」にはもっと問題があるという現状を前提とした上で、困難な対策が要請されているのである。

著者紹介

中山研一（なかやまけんいち）

1927年　滋賀県に生まれる
1968年　京都大学法学部教授
1982年　大阪市立大学法学部教授
1990年　北陸大学法学部教授
1998年　退職
京都大学，大阪市立大学名誉教授
法学博士（京都大学）

著　書

ソヴェト刑法（同文書院　1958年）
ソビエト法概論・刑法（有信堂　1966年）
因果関係（有斐閣　1967年）
現代刑法学の課題（日本評論社　1970年）
現代社会と治安法（岩波新書　1970年）
増補ソビエト刑法（慶応通信　1972年）
刑法総論の基本問題（成文堂　1974年）
口述刑法各論（成文堂　1975年）
口述刑法総論（成文堂　1977年，新版2003年）
ポーランドの法と社会（成文堂　1978年）
刑法の基本思想（一粒社　1979年）
刑法各論の基本問題（成文堂　1981年）
刑法総論（成文堂　1982年）
刑法各論（成文堂　1984年）
選挙犯罪の諸問題（成文堂　1985年）
刑法（全）（一粒社　1985年）
大塚刑法学の検討（成文堂　1985年）
刑法改正と保安処分（成文堂　1986年）
アブストラクト注釈刑法（成文堂　1987年）
脳死・臓器移植と法（成文堂　1989年）
争議行為「あおり」罪の検討（成文堂　1989年）
概説刑法Ⅰ（成文堂　1989年）
概説刑法Ⅱ（成文堂　1991年）
刑法の論争問題（成文堂　1991年）
脳死論議のまとめ（成文堂　1992年）
わいせつ罪の可罰性（成文堂　1994年）
刑法入門（成文堂　1994年）
脳死移植立法のあり方（成文堂　1995年）
刑法諸家の思想と理論（成文堂　1995年）
ビラ貼りの刑法的規制（成文堂　1997年）
安楽死と尊厳死（成文堂　2000年）
臓器移植と脳死（成文堂　2001年）
判例変更と遡及処罰（成文堂　2003年）

現住所　〒617-0841　京都府長岡京市梅ヶ丘2-60

刑法の基本思想［増補版］

1979年10月20日　初　版第1刷発行
2003年10月10日　増補版第1刷発行
2004年10月10日　増補版第2刷発行

著　者　中　山　研　一

発行者　阿　部　耕　一

〒162-0041　東京都新宿区早稲田鶴巻町514
発行所　株式会社　成　文　堂
電話 03(3203)9201(代)　Fax 03(3203)9206
http://www.seibundoh.co.jp

製版　シナノ印刷　　製本　佐抜製本　　検印省略
☆落丁・乱丁本はおとりかえいたします☆

ISBN4-7923-1624-3　C3032
定価（本体2500円＋税）

成文堂選書